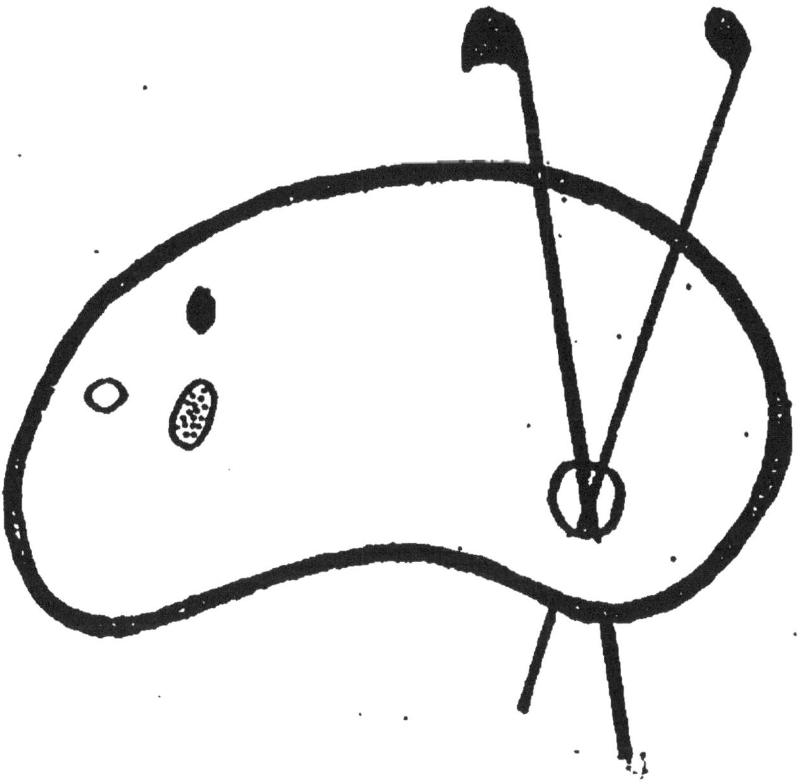

DEBUT D'UNE SERIE DE DOCUMENTS
EN COULEUR

ÉTUDES SUR LA POLITIQUE EXTÉRIEURE DES ÉTATS

I

L'Angleterre et son empire

PAR

ÉLIE HALÉVY

UN FRANC CINQUANTE

" Pages libres "
8, rue de la Sorbonne, PARIS (5e)

1905

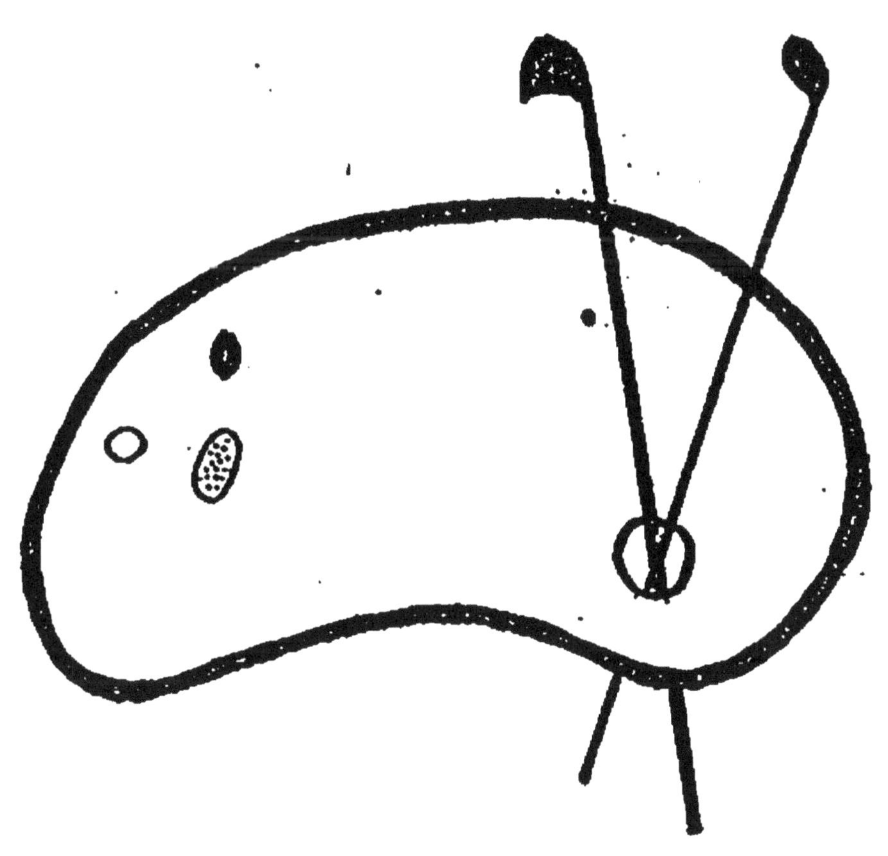

FIN D'UNE SERIE DE DOCUMENTS
EN COULEUR

L'ANGLETERRE ET SON EMPIRE

DU MÊME AUTEUR :

La théorie platonicienne des sciences, in-8°, Alcan, 1896.

La formation du radicalisme philosophique, 3 volumes in-8°, Alcan, 1901-1904.

Thomas Hodgskin (1787-1869), in-12, Société nouvelle de librairie et d'édition, 1903.

ÉTUDES SUR LA POLITIQUE EXTÉRIEURE DES ÉTATS

I

L'Angleterre et son empire

PAR

ÉLIE HALÉVY

" Pages libres "
8, rue de la Sorbonne, PARIS (5e)

1905

INTRODUCTION

INTRODUCTION

Les souverains vainqueurs de la France napoléonienne avaient fondé, en 1815, une sorte de ligue pour défendre, à travers l'Europe, les institutions établies, et intervenir collectivement dans tous les pays où ces institutions seraient menacées par l'agitation libérale. Canning, ministre des affaires étrangères en 1822, rompt avec la « Sainte-Alliance », et donne à la politique extérieure de l'Angleterre une orientation nouvelle. Il retourne, contre les puissances absolutistes, le « principe d'intervention ». Il favorise l'émancipation des colonies espagnoles de l'Amérique du Sud. Il favorise l'émancipation de la Grèce. En échange de la protection politique que l'Angleterre offre aux peuples libérés, elle leur demande des traités de commerce, qui lui permettent de leur expédier sans entraves les produits industriels dont elle est encombrée. Que cette politique réussisse, et l'on verra se constituer, en face du vieux monde, monarchique et féodal, dont les capitales sont Saint-Pétersbourg, Vienne et Berlin, une société occidentale, fondée sur les principes nouveaux de la liberté politique et du libre échange, et qui aura son centre à Londres.

L'alliance française est un élément nécessaire de cette politique, et la France en rend souvent l'exécution difficile, à partir du moment surtout où, les whigs étant parvenus au pouvoir, c'est lord Palmerston qui continue l'application du système de Canning. Car la France n'est pas tombée au niveau de l'Espagne et du Portugal, où un « parti anglais », dirigé par les représentants diplomatiques de l'Angleterre, lutte avec le parti de la Sainte-Alliance. Les libéraux français n'acceptent pas la tutelle anglaise : beaucoup se souviennent des guerres de la Révolution et de l'Empire, et veulent que leur pays recommence à jouer en Europe le grand rôle qu'il avait joué naguère. Lord Palmerston, en conséquence, a des difficultés avec le gouvernement de Louis-Philippe au sujet de la Belgique, lorsqu'on peut craindre de voir la France reprendre, de ce côté, sa politique traditionnelle d'agrandissements territoriaux ; au sujet de l'Espagne, où le roi des Français poursuit une politique dynastique ; au sujet des affaires d'Orient, lorsque Thiers, ayant voulu appuyer la révolte égyptienne de Mehemet-Ali, voit se reformer contre lui, à l'instigation de lord Palmerston, la coalition de 1814 et de 1815, l'alliance de l'Angleterre avec les puissances du Nord.

Mais la politique de lord Palmerston réussit chaque fois qu'une révolution installe à Paris un gouvernement nouveau, heureux de l'alliance et du patronage que lord Palmerston lui offre aussitôt. Elle triomphe en 1854, lorsque lord Palmerston, de concert avec Napoléon III, envoie une expédition franco-anglaise vaincre la Russie dans la Mer Noire. En 1856, le traité de Paris renverse les positions établies en 1815. Toutes les puissances européennes se trouvent alliées contre la Russie, sous la direction des deux puissances occidentales, de l'Angleterre et de la France.

A cette politique européenne correspond une politique coloniale.

L'Angleterre est devenue, pendant la première moitié du siècle, la nation colonisatrice par excellence ; mais elle se souvient toujours de la leçon qu'elle reçut lorsqu'elle perdit, au siècle précédent, ses colonies d'Amérique. Les doctrinaires du nouveau mouvement colonial sont des démocrates et des libres échangistes, qui réclament pour les nouvelles colonies la plus grande quantité possible de liberté politique et de liberté économique. S'ils préconisent la colonisation, c'est comme un moyen d'atténuer, sans recourir au socialisme d'État, les crises dont l'industrie anglaise souffre périodiquement. Il n'y aura plus surpopulation, lorsque les

Anglais qui ne trouvent pas à manger chez eux s'en iront peupler au loin des déserts. Il n'y aura plus surproduction, lorsque ces émigrants seront devenus assez riches, par l'élevage et la culture, pour absorber le trop-plein de l'industrie métropolitaine. Mais, soit que l'on considère les colonies comme des marchés pour l'écoulement des produits industriels, soit qu'on les considère comme des débouchés pour l'écoulement de la population, elles sont évidemment d'autant plus utiles qu'elles coûtent moins, et par suite, d'autant plus utiles qu'elles sont moins gouvernées. Les États-Unis d'Amérique sont la plus riche et la plus utile des colonies anglaises. Il faut donc que les autres colonies, dans l'Amérique du Nord, dans l'Afrique Australe, dans l'Australie, tendent, avec la connivence de l'Angleterre, vers cette indépendance que les États-Unis d'Amérique durent conquérir par une révolution violente. Le ministère des colonies ne vise plus à exercer de contrôle sur l'administration des colonies, si ce n'est dans la mesure nécessaire pour empêcher les colons de se laisser entraîner à une politique d'expansion territoriale : c'est le gouvernement central qui, en 1852 et en 1856, émancipe successivement le Transvaal et l'État d'Orange, contre le vœu des colons anglais du Cap.

Assurément l'Angleterre possède, outre les colonies de peuplement, d'autres territoires, habités par des populations ou trop barbares ou trop peu progressives pour qu'il puisse être question de leur accorder l'autonomie : mais elle en augmente aussi peu que possible le nombre et l'étendue. En Afrique, il lui suffit de garantir la sécurité du commerce sur les côtes. Aux Indes, les vice-rois sont hostiles, par tradition et par principe, à toute extension territoriale vers le Nord. En Chine, les « guerres de l'opium » elles-mêmes ont pour objet non de conquérir des provinces mais de forcer l'entrée d'un marché systématiquement fermé aux produits de l'industrie européenne. La politique coloniale de l'Angleterre, vers le milieu du dix-neuvième siècle, vise non pas à dominer, mais seulement à commercer.

Toute cette politique extérieure — politique européenne et politique coloniale — est une politique de principes, une politique libérale. Le gouvernement anglais *intervient* en Europe : mais c'est pour défendre les institutions libérales contre les puissances absolutistes. Hors d'Europe il *n'intervient pas,* si ce n'est pour assurer partout la liberté des échanges. Elle est en même temps une politique d'intérêt, une politique nationale. Par elle, la diplomatie anglaise est prépondérante en Europe. Par elle, le commerce anglais a la suprématie sur toutes les mers.

Or, dans la seconde moitié du dix-neuvième siècle, sous la pression des circonstances, cette politique a subi une révolution. L'Angleterre s'est de plus en plus *abstenue d'intervenir*, ou, pour parler plus exactement, n'a plus trouvé l'occasion d'intervenir dans les affaires de l'Europe. En revanche, de pressants intérêts économiques l'ont entraînée à *intervenir* sans cesse par les armes; hors d'Europe, pour protéger et pour étendre son empire colonial. C'est ce que l'on exprime, plus brièvement, en disant que la politique extérieure de l'Angleterre est devenue « impérialiste ».

PREMIÈRE PARTIE

PREMIÈRE PARTIE

LES DEUX POLITIQUES

Lord Palmerston, très conservateur, et très sceptique en matière de réformes législatives, s'imposa, tant qu'il vécut, comme le chef nécessaire du parti libéral.

Dans le parti qu'il dirigeait, quelques démocrates, les hommes du « parti de Manchester », Richard Cobden, John Bright et leurs amis, faisaient opposition à sa politique extérieure. Ils refusaient de se laisser prendre à ses professions de foi de libéralisme, reprochaient à ses « interventions » perpétuelles dans les affaires de l'Europe de jeter partout le trouble et la défiance : ils réclamaient, comme seule capable de favoriser le progrès de la paix et de la liberté dans le monde, une politique de « non intervention » absolue.

Mais lord Palmerston persistait à se poser tout à la fois en champion de la liberté universelle et de la grandeur anglaise, et c'est toujours à lui que le corps électoral donnait raison. Le parti libéral resta le maître du pays, sur un programme conservateur, jusqu'au moment où, lord Palmerston étant mort en 1865, il devint impossible que cet état d'équilibre instable se maintînt davantage. La réforme électorale de 1867 mit en présence, dans la nouvelle Angleterre démocratique, le parti conservateur et le parti libéral, l'un et l'autre régénérés. Chacun des deux partis eut sa politique intérieure, sa politique extérieure, et son homme populaire.

Gladstone, chef du parti libéral, n'aurait pas toujours adhéré sans réserve aux idées de Richard Cobden et de John Bright. Sa sensibilité était ardente, il était porté naturellement aux croisades philanthropiques, et le pamphlet passionné par lequel il avait, en 1849, dénoncé les atrocités qui se passaient dans les prisons de Naples, avait servi la politique de lord Palmerston. Mais plusieurs influences avaient contribué à le convertir à la politique de non intervention. Il avait été, de 1839 à 1845, le collègue de Robert Peel et de lord Aberdeen, dans le grand ministère conservateur qui consomma en Angleterre la révolution libre échangiste et appliqua les principes d'une politique systématiquement économe et pacifique. En pratiquant cette politique, Robert Peel s'était brouillé avec la majorité du parti conservateur; et, lorsqu'il fut mort, Gladstone, son lieutenant, avait insensiblement passé du parti conservateur au parti libéral. Lorsqu'il exerça, de 1859 à 1865, dans le dernier cabinet de lord Palmerston, les fonctions de ministre des finances, il subissait de plus en plus fortement l'ascendant du « parti de Manchester ». Il promettait maintenant à ses électeurs une politique de réformes démocratiques à l'intérieur, et d'isolement pacifique à l'extérieur.

Puisque la politique extérieure du parti libéral cessait d'être une politique nationale, il restait au parti conservateur d'exploiter les instincts patriotiques auxquels lord Palmerston avait su, grâce à son système de libéralisme agressif, donner satisfaction. Disraeli s'y employa. Il n'avait pas, contre la démocratie, les préjugés des whigs qui constituaient l'aristocratie du libéralisme anglais. Il n'avait pas, contre le socialisme d'État, les préjugés des industriels et des négociants qui formaient le gros du parti gladstonien. Au fond, il était indifférent à ces problèmes. Sa politique était une politique de prestige. Juif d'origine, il s'était fait, depuis longtemps, une théorie de la race à laquelle il appartenait et de la mission que cette race doit remplir dans l'Europe moderne. La race juive, à l'en croire, est monarchique et romanesque, comme elle est orientale, hostile par tempérament à ce qu'il y a de bourgeois et de prosaïque dans le parlementarisme occidental. C'est à elle que le rôle est échu de restaurer en Occident, et particulièrement en Angleterre une nouvelle monarchie absolue, paternelle et fastueuse comme la monarchie d'Orient. On ne mentionnerait pas ces paradoxes littéraires, s'ils n'avaient pris quelque importance, vers 1878, dans la polémique des partis. Disraeli, chef du parti conservateur, promettait à ses électeurs de saisir toutes les occasions propres à grandir, par des démonstrations éclatantes, en Europe et surtout hors d'Europe, le prestige de l'empire britannique.

Pendant plus de quinze ans, d'élection générale en élection générale, le pays oscilla entre les deux politiques. La politique extérieure de l'Angleterre sembla, pour un temps, avoir perdu son équilibre.

I

Le premier ministère Gladstone

Le ministère libéral, qui parvint au pouvoir après les élections de 1868, sépara l'Église et l'État en Irlande, établit un système d'instruction primaire obligatoire, institua le scrutin secret, démocratisa l'armée, modifia le statut légal des associations ouvrières. Tant de réformes suffirent à occuper son activité. Vis-à-vis de l'Europe, Gladstone et les deux hommes qui tour à tour occupèrent à ses côtés le poste de ministre des affaires étrangères, lord Clarendon et lord Granville, adoptèrent une politique de neutralité systématique. Cette politique n'était pas seulement conforme à leurs vœux; elle était imposée par le nouvel état des choses en Europe. Depuis une dizaine d'années, tous les cabinets anglais, qu'ils fussent libéraux ou conservateurs, avaient été contraints de la suivre.

La politique de neutralité

L'année 1859 vit commencer, en effet, une série de guerres européennes, dont le résultat fut de rendre inapplicable le système de Canning et de lord Palmerston.

Pendant des années, lord Palmerston s'était ingénié à éviter une intervention française dans les affaires d'Italie. Lorsqu'en 1859 cette intervention se produisit, que devait faire l'Angleterre ? Prendre parti pour l'Autriche, c'était trahir la cause de l'émancipation italienne : lord Palmerston ne le pouvait pas. Appuyer l'intervention française, c'était peut-être encourager Napoléon III à inaugurer une politique d'agrandissements territoriaux : l'annexion de Nice et de la Savoie allait justifier, sur ce point, les appréhensions anglaises. Lord Palmerston n'intervint pas.

Puis les armées de l'Autriche et de la Prusse firent la guerre au Danemark, occupèrent le Schleswig et le Holstein. Lord Palmerston avait déclaré que cette occupation justifierait une intervention anglaise : mais, en fin de compte, il s'abstint. Disraeli condamna, à la Chambre des Communes, son inaction; ce fut Richard Cobden qui félicita lord Palmerston d'avoir pratiqué pour une fois une politique de paix et de non intervention.

La Prusse déclarait cependant la guerre à l'Autriche et l'écrasait à Sadowa : la Prusse et la France restaient face à face. Des conflits éclatèrent. Disraeli faisait maintenant partie du ministère conservateur de lord Derby : mais le nouveau cabinet anglais évita, lui aussi, d'intervenir. Quelle autre politique un ministre anglais placé dans les mêmes circonstances, aurait-il pu adopter? Fallait-il prendre parti pour la France? Mais Napoléon III cherchait à s'entendre avec Bismarck : il permettait à celui-ci de consommer l'unité allemande, s'il pouvait, de son côté, s'agrandir en Belgique et sur toute la rive gauche du Rhin. Fallait-il prendre parti pour la Prusse? Mais la grandeur prussienne pouvait devenir aussi dangereuse pour l'Angleterre que l'avait été la grandeur française. D'ailleurs, Bismarck ne demandait pas d'appui : il lui suffisait, pour la réalisation de ses desseins, que l'Angleterre restât neutre.

Effectivement, le ministère Gladstone, comme le ministère conservateur auquel il succédait, adopta une attitude de neutralité. Mais cette neutralité changea plusieurs fois de caractère au cours des années 1870 et 1871.

Jusqu'à la déclaration de guerre, le ministère anglais voulut jouer, entre les deux puissances, le rôle d'un arbitre impartial. Au mois de septembre 1869, lord Clarendon fit le voyage de Berlin et de Paris, et tint dans les deux capitales un langage pacifique; mais les chefs des deux gouvernements déclarèrent que c'était au gouvernement voisin à prendre l'initiative des démonstrations d'amitié. Au commencement de 1870, il essaya d'obtenir un désarmement partiel et simultané de la France et de la Prusse. Mais Bismarck refusa; et à Paris, le ministre des affaires étrangères, Daru, partisan de la paix, fut remplacé par le duc de Gramont, plus belliqueux. Au mois de juin, lord Clarendon mourut, et le 6 juillet, lord Granville lui succéda. Le même jour, il se trouvait saisi par la France d'une demande de médiation entre les gouvernements de Paris et de Berlin.

Le trône d'Espagne, vacant, avait été offert au prince Léopold de Hohenzollern ; et la France s'opposait à cette candidature prussienne. Le 12 juillet, le prince Antoine de Hohenzollern, père du prince Léopold, déclara publiquement qu'il repoussait, au nom de son fils, l'offre des Cortès espagnoles. Mais le gouvernement français voulut davantage. Il prétendit que le roi de Prusse en personne désavouât publiquement, pour le présent et pour l'avenir, la candidature du prince de Hohenzollern. Le roi de Prusse refusa.

Lord Granville s'interposa, comme se serait interposé son prédécesseur, lord Clarendon. Il demanda au roi de Prusse de désapprouver officiellement la candidature de son cousin, au gouvernement français de renoncer à exiger du roi de Prusse des engagements pour l'avenir. Cette transaction ne fut acceptée ni à Paris ni à Berlin, et le 15 juillet, les crédits de guerre furent votés à Paris. Lord Granville fit encore une tentative en faveur de la paix. Il pressa les deux gouvernements de se conformer au traité de Paris, et de recourir, avant de déclarer la guerre, aux bons offices d'une puissance amie : le gouvernement anglais était prêt à jouer ce rôle de médiateur. Mais Bismarck laissa au cabinet de Paris la responsabilité d'accepter ou de refuser l'offre de l'Angleterre. Le 19 juillet, la France refusa; et, le même jour, la guerre fut déclarée.

L'Angleterre resta neutre : mais désormais la neutralité anglaise fut malveillante à l'égard de la France. Les sympathies de la cour étaient allemandes. L'opinion publique tout entière tenait Napoléon III pour responsable d'une guerre dont le motif paraissait frivole; et cette malveillance de l'opinion devint une hostilité déclarée, lorsque Bismarck eut fait paraître, dans le *Times* du 25 juillet, des documents très compromettants pour la diplomatie impériale. Il s'agissait d'un projet de traité que Bismarck s'était fait remettre en 1867 par Benedetti, ambassadeur de France à Berlin, et en vertu duquel la France aurait obtenu le droit d'annexer le Luxembourg et la Belgique. Sur la neutralité nécessaire de la Belgique et du port d'Anvers, tous les partis anglais étaient d'accord.

Disraeli prit la parole à la Chambre des Communes. Il reprocha à Gladstone et à lord Granville la timidité de leur politique extérieure : ils auraient, à l'en croire, pu s'entendre avec la Prusse, intimider Napoléon et empêcher la guerre d'éclater. Telle était d'ailleurs la force de l'opinion pacifique en Angleterre qu'il se déclarait lui-même partisan d'une politique de neutralité : mais il réclama une

« neutralité armée », capable au besoin d'imposer son arbitrage aux belligérants.

Gladstone agit avec modération. Il ne demanda au Parlement que deux millions de livres sterling et vingt mille hommes : ce n'était pas assez pour faire la guerre. Puis lord Granville proposa aux gouvernements français et prussien de conclure simultanément avec l'Angleterre un traité qui garantissait la neutralité belge pendant la durée des opérations. La Prusse adhéra tout de suite ; la France attendit les premiers revers pour adhérer. Le 9 et le 11 août, le « Triple Traité » fut enfin signé.

Cependant la déroute de l'armée française s'aggravait. Si les Français étaient entrés dans l'Allemagne du Sud, les armées de l'Autriche et de l'Italie leur auraient sans doute prêté leur concours. Maintenant que la France était envahie par les armées allemandes, les deux puissances désiraient rester neutres. L'Italie fit la première des avances à l'Angleterre ; lord Granville les accueillit favorablement, et un engagement réciproque fut pris, entre l'Angleterre et l'Italie, de ne pas abandonner la neutralité sans une entente préalable. Puis lord Granville fit la même proposition à tous les cabinets d'Europe, qui acceptèrent. Ainsi se constitua la « Ligue des Neutres ». Pour la première fois peut-être dans l'histoire de l'Europe, deux nations furent en guerre, sans qu'une troisième puissance intervînt.

Après la capitulation de Sedan et la proclamation de la République à Paris, la neutralité anglaise devint moins bienveillante pour la Prusse.

Napoléon III avait disparu. La France était annihilée. Les journaux allemands reprochaient aux Anglais d'enfreindre la neutralité lorsqu'ils laissaient la France s'approvisionner chez eux en armes et en munitions. Les démocrates anglais organisaient, dans les grandes villes, des meetings sympathiques à la cause française. Enfin le gouvernement prussien réclamait, pour prix de la guerre, l'Alsace et la Lorraine, et cette exigence choquait la conscience des ministres libéraux. En septembre, Gladstone souhaita une démarche collective des neutres auprès du roi de Prusse, mais ne convainquit pas son cabinet. En octobre, lord Granville s'entremit pour obtenir qu'un armistice permît à la France d'élire une Assemblée Nationale.

Mais il ne s'agissait, dans la pensée des ministres anglais, que d'interventions amiables, et qui supposaient le consentement des deux belligérants. Or, le gouvernement de la Défense Nationale repoussait toute transaction. Thiers était partisan de la paix. Mais, au cours de sa mission en Europe, il avait visité Londres et n'y avait rien obtenu : il se défiait de l'Angleterre, et comptait plutôt sur une intervention russe. Enfin et surtout, Bismarck ne voulait accepter aucune médiation.

La conférence de Londres

Un grave incident prouva tout à coup que l'Angleterre n'avait pas réussi à prévenir, par la Ligue des neutres, toutes les complications européennes.

Le 29 octobre, le prince Gortchakoff informa les puissances, par une circulaire, que la Russie ne se considérait plus comme liée ni par l'article du traité de Paris, qui posait en principe la neutralisation de la Mer Noire, ni par la convention, annexée au traité, qui interdisait à la Russie d'entretenir dans la Mer Noire une flotte de guerre. Une fois encore, comme à la fin de juillet, l'opinion anglaise s'émut ; et le cabinet anglais partagea l'émotion publique. Une note fut rédigée de concert par Gladstone et lord Granville : ils refusaient d'examiner les arguments sur lesquels la chancellerie russe prétendait se fonder, et déclaraient qu'aucune clause du traité de Paris ne pouvait être dénoncée sans le consentement de toutes les puissances signataires. Un envoyé spécial, Odo Russell, fut dépêché auprès de Bismarck à Versailles. Il fut reçu le 21 novembre, prononça des paroles menaçantes, parla de guerre.

Bismarck était choisi comme arbitre : il arrangea les choses. Une conférence se réunit à Londres, pour régler la question. En apparence, l'Angleterre obtenait gain de cause : les formes diplomatiques étaient sauves. Mais sur le fond, la Russie l'emporta : le principe de la neutralisation de la Mer Noire fut abrogé. Aucun délégué français ne prit part aux débats de la conférence : lord Granville l'aurait voulu, mais il se heurta au mauvais vouloir de Bismarck, aux hésitations et aux défiances du gouvernement de la Défense Nationale.

Le traité de Londres fut signé le 13 mars 1871 ; le traité de Francfort, le 21 mai. L'année suivante, au mois de septembre 1872, les trois empereurs d'Allemagne, d'Autriche et de Russie, accompagnés de leurs ministres, eurent une entrevue à Berlin. La politique de lord Palmerston avait échoué. La France était amoindrie, l'Angleterre isolée. Une fois de plus, les Puissances du Nord dominaient l'Europe.

Gladstone et Disraeli étaient d'accord pour se préoccuper du nouvel état des choses. Ils constataient que le temps des diplomates était passé, et ils avaient raison : l'Europe ne serait plus dorénavant, comme elle avait été de 1815 à 1870, un champ d'intrigues pour les ministres des affaires étrangères des grandes nations et pour leurs agents dans toutes les capitales. Mais ils craignaient que le temps des hommes de guerre fût venu : or ils s'abusaient sur ce point.

La guerre de 1870 a été le dénouement d'une série de guerres, elle n'a pas été le prologue d'un autre cycle militaire. Malgré l'annexion de l'Alsace et de la Lorraine, malgré tant de mécontentements persistants dans l'Europe orientale depuis Prague jusqu'à Salonique, le principe des nationalités triomphait. La volonté des nations avait provoqué les dernières guerres ; à présent la volonté des nations était satisfaite, comme elle ne l'avait encore jamais été dans l'histoire de l'Europe. Il n'y avait plus, entre l'Angleterre et la Russie, une Europe occidentale tourmentée par les guerres civiles et une Europe centrale émiettée en un chaos incohérent de petites monarchies ; il s'était constitué un petit nombre de grandes nations, sensiblement égales entre elles et à l'Angleterre par le nombre des habitants, très différemment gouvernées, mais toutes démocratiques en ce sens que chez toutes le droit de suffrage était accordé aux masses populaires, et l'obligation du service militaire imposée aux classes riches. En conséquence, le désir de la paix devint plus général. Il exerça une influence plus sensible sur la politique des États. La nouvelle démocratie donna à l'équilibre européen une stabilité que des gouvernements plus aristocratiques n'avaient pas voulu, ou n'avaient pas su lui donner. Tout se passa désormais selon le désir des doctrinaires du « parti de Manchester ». L'Angleterre cessa d'intervenir dans les affaires du continent, à partir du moment où un phénomène, dont insensiblement on allait être amené à reconnaître la réalité et l'importance, commença de se manifester : à savoir l'impossibilité, dans les circonstances nouvelles. d'une guerre européenne.

La fin du ministère Gladstone

En 1872, la popularité du ministère libéral déclina, et Disraeli jugea le moment venu de jouer avec plus d'activité son rôle de chef d'opposition. Le 3 avril et le 24 juin, il prononça deux grands discours, où il essaya de définir, par opposition à la politique gouvernementale, la politique de son parti.

Il critiqua la politique extérieure du ministère.

Les relations diplomatiques du gouvernement anglais avec les États-Unis étaient, au moment même où il parlait, devenues difficiles. Lors de la guerre de Sécession, plusieurs croiseurs, entre autres l'*Alabama*, armés dans les ports anglais pour le compte de la Confédération du Sud, avaient fait le plus grand mal à la flotte du Nord. La guerre terminée, le parti vainqueur avait réclamé des indemnités; et le traité de Washington avait, en 1871, remis le soin de trancher la question à un tribunal arbitral. Tout à coup les États-Unis émirent des prétentions exorbitantes, réclamèrent jusqu'à quatre cents millions de livres, dix milliards. La sagesse d'un des commissaires américains arrangea les choses devant le tribunal arbitral : par la sentence de Genève, au mois de septembre 1872, l'Angleterre ne fut condamnée à payer que trois millions de livres, environ quatre-vingt millions. Mais l'émotion avait été vive : on pouvait soutenir que les exigences du cabinet de Washington étaient encouragées par la faiblesse connue du ministre anglais des affaires étrangères. Disraeli accusa les ministres de s'être laissés « influencer par la philosophie et la politique du continent », d'avoir « essayé de substituer des principes cosmopolites à des principes nationaux », et invita ses électeurs à faire leur choix entre le « parti cosmopolite » et le « parti national ».

Disraeli se défendait pourtant de réclamer, vis à vis de l'Europe, une politique d'intervention. Les circonstances, il le savait, rendaient cette politique impossible. Mais l'Angleterre n'était plus seulement une nation européenne. En Asie et dans les autres parties du monde, elle était la métropole d'un empire. Disraeli, dans ses discours, critiqua la politique coloniale du ministère.

Lord Granville avait pratiqué, au ministère des colonies, jusqu'en juillet 1870, une politique de non intervention systématique, et n'avait fait que se conformer en cela aux traditions de ses bureaux. Malgré les réclamations des colons, en pleine insurrection de la population indigène, il fit achever l'évacuation de la Nouvelle-Zélande par les troupes impériales. Lord Kimberley, qui lui succéda, fit annexer le Griqualand-Ouest, dans l'Afrique Australe, au nord de la rivière Orange, sur la demande des chercheurs de diamants ; il prépara l'annexion des îles Fiji ; on ne saurait dire cependant que la politique traditionnelle du ministère ait été volontairement modifiée sous son administration.

Quelques individus, isolés encore, commençaient cependant à vouloir réagir contre les traditions du *Colonial Office*. Sous la direction de lord Carnarvon, ancien ministre des colonies, ils faisaient de l'agitation en vue de resserrer, au lieu de le relâcher sans cesse, le lien des colonies avec la métropole. Mais ils ne rencontraient, pour l'instant, qu'hostilité dans les bureaux du ministère, et indifférence dans les colonies autonomes, qui aspiraient à l'indépendance. Disraeli, dans ses discours de 1872, reprit les idées de lord Carnarvon. Il réclama pour l'empire une constitution fédérale, une union douanière, et une entente de la métropole avec ses colonies en vue des mesures à prendre pour la défense des littoraux et des frontières.

Mais Disraeli critiqua surtout la politique intérieure de Gladstone et de ses collègues. Car le ministère libéral avait trop présumé de la force du mouvement d'opinion démocratique, par lequel il avait été porté au pouvoir. L'Irlande ocoupait trop de place, au gré des électeurs anglais, dans le programme réformateur du ministère ; et le pays était las de réformes.

Lorsqu'en 1874 il fallut procéder à des élections générales, Disraeli donna peu de place dans son manifeste électoral aux questions de politique étrangère. Tant que la prospérité industrielle et financière restait entière, le pays ne s'émouvait pas beaucoup de l'isolement diplomatique auquel l'Angleterre se trouvait réduite. Si Disraeli critiqua la politique extérieure du ministère, ce fut seulement pour lui reprocher une expédition coloniale, coûteuse et sanglante, dans laquelle il venait de se laisser entraîner sur la Côte d'Or, au pays des Achantis. Les élections de 1874 furent des élections simplement réactionnaires : elles donnèrent au parti conservateur, dans la nouvelle Chambre des Communes, une majorité de cinquante voix.

II

Le ministère de lord Beaconsfield

Gladstone, vaincu, vieilli, laissa à un autre la direction officielle du parti libéral. Il se désintéressa de la politique et s'occupa de théologie. Disraeli devint premier ministre. Lord Derby fut ministre des affaires étrangères, et lord Carnarvon ministre des colonies : ils avaient l'un et l'autre occupé le même poste dans le cabinet conservateur de 1866. Disraeli allait-il donner à la politique extérieure du pays une impulsion nouvelle? Tout le monde s'y attendait, mais pendant deux ans tout le monde fut déçu : les circonstances, plus fortes que la volonté du premier ministre, commandèrent la continuation de la politique pacifique qui avait été celle du précédent ministère.

En Europe, la paix ne fut pas troublée; et, lorsque des bruits de guerre circulèrent en Allemagne et en France, ce fut la Russie, non l'Angleterre, qui s'interposa.

Aux colonies, l'Angleterre subit l'arbitrage défavorable du maréchal de Mac-Mahon : les droits portugais furent reconnus sur la baie de Delagoa dans l'Afrique du Sud. Lord Carnarvon se montra moins soucieux d'étendre que d'organiser l'empire britannique. En 1867, il avait donné au Canada une constitution fédérale : il espérait maintenant, avec le consentement de toute la population blanche, hollandaise aussi bien qu'anglaise, réaliser la fédération de l'Afrique australe. Il se consacra tout entier, sans aucun succès, à cette tâche.

C'est vers l'Orient que la politique personnelle de Disraeli commença, un peu plus tard, à se manifester.

En Égypte, le Khédive, à court d'argent, cherchait à vendre les actions de la Compagnie de Suez dont il était le détenteur, presque la moitié du nombre total des actions. Il négociait avec une maison de Paris, quand le gouvernement anglais intervint, et, le 25 novembre 1875, grâce à l'assistance de la maison Rothschild de Londres, acheta les actions pour une somme de quatre millions de livres. Le public fut persuadé qu'il assistait à une première démarche de la politique « orientale » de Disraeli, et peut-être au prélude d'une occupation anglaise en Égypte.

Aux Indes, Disraeli nomma vice-roi un romancier, lord Lytton. Les traditions du gouvernement des Indes, prudentes, pacifiques et philanthropiques, furent rompues : un nouveau régime, autoritaire, belliqueux et imaginatif, fut inauguré. Pour commencer, Disraeli déposa au Parlement en mars 1876, et fit adopter, malgré une très vive opposition libérale, un projet de loi qui donnait à la reine d'Angleterre le titre nouveau d' « impératrice des Indes ». A la fondation par Bismarck d'un empire allemand, il répondait par la fondation d'un empire asiatique; et c'est depuis ce moment que la politique extérieure de Disraeli reçut le nom d' « impérialisme ».

Les affaires d'Orient

Mais, dans le temps où Disraeli songeait à l'Égypte ou à l'Inde, une crise éclata dans les Balkans, et cette crise parut menacer l'existence même de la Turquie. En 1875, les chrétiens de l'Herzégovine s'insurgèrent. Le Montenegro, la Serbie et la Roumanie prirent parti pour eux. Les Bulgares, en 1876, se soulevèrent à leur tour. Des représailles eurent lieu. A Salonique, les musulmans massacrèrent les consuls de France et d'Allemagne. Enfin deux révolutions de palais renversèrent successivement, à Constantinople, deux Sultans. En Angleterre, l'opinion se divisa sur la conduite à tenir.

Le cabinet de Londres pouvait, en premier lieu, défendre, contre la Russie et sa clientèle slave, l'intégrité de l'empire ottoman. Telle avait été la politique de lord Palmerston. Telle était aujourd'hui la politique de Disraeli. Beaucoup de libéraux, partageaient son avis. Disraeli rencontrait cependant, à l'exécution de sa politique, des obstacles que lord Palmerston n'avait pas connus.

Tout un camp réclamait que l'Angleterre, se posant en nation civilisatrice, défendît, contre le Sultan et d'accord avec la Russie, la cause des populations chrétiennes. Gladstone avait pris la direction du mouvement. L'enthousiasme religieux et humanitaire le ramenait à la politique ; et, n'étant plus le chef officiel de son parti, il était plus libre d'exprimer ses convictions intimes. Derrière lui marchaient des philanthropes chrétiens, qui attribuaient au sémitisme latent de Disraeli sa sympathie pour la domination ottomane ; des intellectuels, qui détestaient le charlatanisme politique de Disraeli ; des agitateurs radicaux, Chamberlain et ses amis, qui venaient de donner à leur parti une organisation nouvelle, et qui décidèrent d'en essayer, sur la question d'Orient, la force et le fonctionnement. Gladstone demandait-il que l'on fît la guerre au Sultan ? Il ne le disait pas expressément. Il soutenait que le plus sûr moyen d'éviter une guerre, c'était précisément de ne pas s'isoler du concert européen, et d'exercer sur le Sultan, d'accord avec les autres puissances, une pression morale qui suffirait pour obtenir les réformes nécessaires.

Par là il se rapprochait des partisans systématiques d'une politique de paix. Les défenseurs du principe de non intervention demandaient avec insistance que l'Angleterre s'abstînt, pour une fois, de jouer un rôle actif dans le règlement de la question d'Orient. Ils avaient pour chef John Bright, l'ancien collaborateur de Richard Cobden. Les adeptes de leur doctrine étaient nombreux : il s'en rencontrait même dans les rangs du parti conservateur. Lord Granville, dans le ministère Gladstone, avait été acquis à leurs idées. Par une singulière fortune, il en était de même de son successeur, lord Derby.

Pour un temps, la politique la plus pacifique prévalut ; et les partisans du principe de non intervention purent croire au triomphe de leur politique, aussi longtemps qu'il fut raisonnable d'espérer qu'une intervention armée de la Russie serait évitée.

Le 30 décembre 1875, la « note Andrassy » fut présentée au Sultan : elle énumérait les réformes que les empereurs de Russie, d'Allemagne et d'Autriche considéraient comme nécessaires pour la protection des chrétiens sujets du Sultan. Le 18 janvier 1876, l'Angleterre adhéra, mais ce fut sur la demande de la Turquie. Le 11 mai, après le massacre des consuls à Salonique, les trois empereurs rédigèrent le document diplomatique connu sous le nom de « memorandum de Berlin ». La France et l'Italie adhérèrent ; mais cette fois l'Angleterre se déroba. En juin, une flotte anglaise alla mouiller à Ténédos. Disraeli se fondait sur les rapports de l'ambassadeur d'Angleterre à Constantinople, sir H. Elliott, pour atténuer les « atrocités » commises en Bulgarie par les soldats turcs. Il sembla que le ministère anglais reprit la politique antirusse de lord Palmerston. Cependant lord Derby donnait aux actes du ministère l'interprétation la plus pacifique. Si on avait refusé d'adhérer au memorandum de Berlin, c'est parce que le memorandum faisait prévoir une intervention armée des puissances contre le Sultan, et que l'Angleterre voulait la paix. Si on avait envoyé une flotte, c'était non pour la défense du Sultan contre la Russie, mais pour le maintien de l'ordre dans l'empire même du Sultan.

Pendant les vacances parlementaires, l'agitation libérale, hostile au Sultan, prit de la consistance. Une campagne de meetings fut organisée. Le 5 septembre, Gladstone publia, sur « les horreurs bulgares et la question d'Orient », une brochure fameuse, dans laquelle, en termes violents, il somma les Turcs d'évacuer la Bulgarie, « avec armes et bagages ». Mais, d'autre part, l'armée turque étant entrée en Serbie, la Russie joua un rôle plus actif, et le tsar proposa aux puissances une intervention collective et armée. Le cabinet anglais refusa. Le tsar lança un ultimatum. Disraeli, devenu lord Beaconsfield, tint, le 9 novembre, au banquet annuel de la Cité de Londres, un langage belliqueux; et le 10 novembre, le tsar, parlant à Moscou, fit des déclarations également menaçantes. L'influence pacificatrice de lord Derby arrangea les choses. Il y eut un armistice; et, pendant la suspension des hostilités, une conférence internationale se réunit à Constantinople. Lord Salisbury, dont tous les partis appréciaient la prudence, fut le délégué anglais. L'ambassadeur d'Angleterre à Constantinople, sir H. Elliott, favorable à la Turquie, fut remplacé par Layard : c'était une satisfaction donnée aux libéraux.

Les membres de la Conférence se mirent d'accord sur les réformes nécessaires. Mais ils furent joués par le Sultan. Le 22 décembre, une constitution turque fut solennellement proclamée; et le 30 décembre, la Porte, arguant du fait que la Turquie était devenue une nation constitutionnelle, soumit à la Conférence une proposition qui repoussait virtuellement l'ingérence européenne. Puis, le 18 janvier 1877, le Grand Conseil de la Porte rejeta en bloc toutes les demandes des puissances.

La Conférence se sépara. Les puissances rappelèrent leurs ambassadeurs. Une dernière fois, la Russie désira se concerter avec les divers cabinets européens sur la conduite à tenir : le « protocole de Londres », signé le 31 mars, fut la dernière démarche collective de la diplomatie européenne auprès du Sultan. Celui-ci refusa d'y accéder; et la Russie, brusquant les choses, déclara la guerre.

La guerre russo-turque

Maintenant que la guerre avait éclaté, fallait-il prendre parti pour la Russie ? Dans le parti libéral, c'était toujours l'avis de Gladstone. Il déposa, à la Chambre des Communes, cinq résolutions qui flétrissaient la Porte, la déclaraient indigne de toute assistance morale ou matérielle, et demandaient que l'Angleterre, de concert avec les autres puissances, obtînt un régime d'autonomie locale pour les provinces balkaniques. Les chefs officiels du parti libéral finirent par accorder leur appui aux résolutions de Gladstone, moyennant des suppressions et des atténuations : dans les deux résolutions qui furent retenues, on condamnait la Turquie, mais on s'abstenait de réclamer une intervention anglaise en faveur des chrétiens d'Orient.

Après cinq jours de débats, Gladstone obtint, pour ses résolutions révisées, deux cent vingt-trois voix contre trois cent cinquante voix ministérielles. Mais l'opposition parlementaire se borna à cette manifestation. Dans le nord et le centre de l'Angleterre, Gladstone avait des partisans : à Birmingham, les radicaux lui firent une réception triomphale. Mais à Londres et dans la plus grande partie du pays, l'opinion était hostile à la Russie, et favorable à la politique qui paraissait être celle de lord Beaconsfield.

Alors, si l'on prenait parti contre la Russie, fallait-il lui déclarer la guerre? Dans le ministère lui-même, le parti de la paix avait encore ses représentants. L'armée russe rencontrait des difficultés en Turquie. L'avant-garde fut repoussée au passage des Balkans. Les Turcs se retranchèrent à Plewna et s'y défendirent pendant plusieurs mois. Tant que la situation militaire resta indécise, les ministres purent espérer que des démonstrations belliqueuses seraient inutiles pour sauver Constantinople et le Sultan. Lord Derby et lord Carnarvon se distinguaient de leurs collègues par l'énergie de leurs déclarations pacifiques. En novembre, lord Beaconsfield déclara que la politique de l'Angleterre était une « politique de neutralité conditionnelle », et émit l'opinion que le jour était proche où l'Angleterre, d'accord avec les autres puissances, pourrait contribuer à une solution « qui assurerait non seulement la paix mais encore l'indépendance de la Turquie ».

Mais Plewna capitula le 10 décembre. Décidément, la Russie l'emportait, et il fallait ou que la Porte subît ses exigences, ou que l'Europe s'interposât : la Porte demanda la médiation des puissances.

Le cabinet de Londres engagea une double action, diplomatique et militaire. Par l'intermédiaire de l'ambassadeur d'Angleterre à Saint-Pétersbourg, il insista sur ce point que nul traité nouveau, conclu entre la Russie et la Turquie, et modifiant l'état des choses dans les Balkans, ne serait tenu pour valable par le gouvernement anglais, s'il ne recevait pas d'abord le consentement de toutes les puissances qui avaient signé les traités de 1856 et de 1871. Sur ce point, tous les ministres étaient peut-être d'accord; et le gouvernement du tsar reconnut lui-même que les observations de l'Angleterre étaient fondées. Mais les négociations de paix, ouvertes entre les deux belligérants, n'avaient pas interrompu la marche de l'armée russe : elle avait passé les Balkans après une victoire remportée à Philippopoli, et parvenait à Andrinople. Lord

Beaconsfield, en réponse, crut devoir prendre des mesures militaires : il envoya la flotte anglaise mouiller devant Constantinople, et demanda des crédits supplémentaires pour la guerre et pour la marine. Lord Carnarvon, hostile à ces mesures, donna sa démission.

Cependant l'opinion devenait de plus en plus alarmée par les progrès de la Russie, et l'opposition libérale de plus en plus timide. Gladstone ne réussit pas à trouver une formule sur laquelle tout le parti pût se mettre d'accord : il y eut seulement cent vingt-quatre voix contre les crédits. Le 3 mars, on apprit que la paix était signée à San Stefano. La Russie s'agrandissait en Roumanie. Elle occupait une partie de l'Arménie, et obtenait un droit de contrôle sur l'administration du reste. Elle constituait, sous le nom de Bulgarie, un état slave indépendant qui s'étendait du Danube à la Mer Egée, et obtenait un droit de contrôle sur l'administration de l'Épire et de l'Albanie. La Turquie d'Europe, coupée en deux, subissait une sorte de suzeraineté russe; la Mer Noire devenait un lac russe. Lord Beaconsfield protesta contre ce traité, signé sans l'assentiment des puissances, et demanda au Parlement l'autorisation d'appeler les réserves sous les drapeaux. Lord Derby donna sa démission, et fut remplacé par lord Salisbury. Le lendemain du jour où la session parlementaire prit fin, lord Beaconsfield prit une nouvelle mesure de guerre, inconstitutionnelle, et qui souleva les protestations du parti radical : il fit venir à Malte, aux frais du budget indien, sept mille hommes de troupes indiennes. La guerre pouvait paraître imminente.

Mais la Russie était épuisée, et l'Angleterre n'avait pas d'alliés. La question fut réglée diplomatiquement par un accord secret de l'Angleterre avec la Russie, par un traité secret entre l'Angleterre et la Turquie, et par un congrès qui se réunit à Berlin, du 13 juin au 13 juillet, sous la présidence de Bismarck. L'Autriche occupa la Bosnie, la Serbie fut reconnue indépendante, et on promit à la Grèce un agrandissement territorial. Mais la Bulgarie septentrionale fut seule constituée en principauté indépendante; et, au sud des Balkans, la Roumélie Orientale resta, malgré certains privilèges spéciaux, une province turque. En vertu de son traité avec la Turquie, l'Angleterre occupa l'île de Chypre, et s'engagea à protéger contre la Russie les possessions turques d'Asie.

La rivalité anglo-russe

Lord Beaconsfield, accompagné de lord Salisbury avait été représenter lui-même l'Angleterre au congrès de Berlin. Sa popularité fut à son comble : pendant que Gladstone était hué dans les rues de Londres, lord Beaconsfield et lord Salisbury eurent une réception triomphale à leur retour de Berlin. Pour désigner l'état de surexcitation chauvine qui régnait, on fabriqua un mot nouveau avec le refrain d'une chanson de music-hall : ce fut le « jingoïsme ». Il semblait que lord Beaconsfield eût rendu à la diplomatie anglaise quelque chose de son ancien prestige européen : « je vous rapporte, disait-il à ses concitoyens, la paix et l'honneur, *peace with honour* ».

Il y avait loin cependant du traité de Berlin au traité de Paris. Lord Beaconsfield n'avait pas été, comme lord Palmerston en 1854, jusqu'à faire la guerre : il s'était contenté d'un compromis diplomatique, qui démembrait l'empire ottoman et abandonnait au gouvernement russe une partie des avantages obtenus à San Stefano. Mais, en occupant l'île de Chypre, il laissait voir quelles étaient ses véritables préoccupations. Le centre de gravité de la politique anglaise s'était déplacé depuis vingt ans. La question turque ne se débattait plus entre des puissances européennes : désormais le véritable conflit était entre deux puissances orientales, la Russie, maîtresse de la moitié de l'Asie, et l'Angleterre, maîtresse des Indes.

L'Égypte se trouvait, à la fois, sur la route des Indes et à la porte de l'Afrique : qui empêchait la Russie, maintenant établie en Arménie, d'envahir un jour la Syrie et de menacer l'Égypte ? Lord Beaconsfield ne songeait-il pas à prévenir ce péril en occupant l'Égypte pour le compte de l'Angleterre ? C'est ce que redoutait Gladstone. En avril 1877, sir Theophilus Shepstone, chargé d'une mission spéciale à Pretoria, avait de sa propre initiative annexé sommairement la république du Transvaal ; et Gladstone prévoyait qu'une occupation anglaise de l'Égypte aurait pour conséquence inévitable mais désastreuse la conquête de tout le continent africain depuis le Caire jusqu'au Cap.

Lord Beaconsfield se défendait pourtant d'avoir des desseins de conquête en Égypte, et même d'y vouloir augmenter l'influence anglaise aux dépens de l'influence française. C'est lui qui fit établir dans ce pays, en 1878, le régime du « double contrôle ». Il y eut deux commissaires de la Dette publique, un Anglais et un Français ; et, dans le gouvernement, un ministre français des travaux publics siégea à côté du ministre anglais des finances. Ce n'est pas en Égypte, c'est sur la frontière des Indes que dès maintenant l'influence russe et l'influence anglaise se combattaient.

Le jour même où le traité de Berlin était signé, un envoyé russe partit pour Caboul. Il engagea des négociations avec l'émir d'Afghanistan, Shere-Ali : un traité secret d'alliance fut signé. Le gouvernement anglais répondit à l'envoi de la mission russe par l'envoi d'une mission anglaise, commandée par le général Chamberlain, : il annonça l'intention, afin de mieux protéger le nord-ouest de la Péninsule, de réclamer une « rectification de frontière », et la fixation d'une « frontière scientifique » entre l'Inde et l'Afghanistan. L'émir refusa de recevoir la mission. L'Angleterre envoya trente-cinq mille hommes à la frontière afghane ; et le 20 novembre, la guerre fut déclarée.

Avant la fin de l'année, malgré la difficulté de la campagne, le général Roberts avait capturé la passe de Peiwar ; les Anglais occupaient Jellalabad et marchaient sur Candahar ; l'émir s'enfuyait de Caboul, et demandait sans succès aux Russes de le recueillir. Il mourut le 21 février 1879. Son successeur Yakoub-Khan se mit sous la protection des Anglais, et, par le traité de Gandamak, signé le 26 mai, accorda, en outre d'une rectification de frontière, l'établissement sur l'Afghanistan d'une sorte de protectorat britannique.

Au début de 1879, la politique de conquêtes avait donc réussi : des soldats anglais occupaient Prétoria dans l'Afrique du Sud, Chypre sur la côte de Syrie, Caboul au nord-ouest de l'Hindoustan. Brusquement, deux graves revers compromirent la popularité de lord Beaconsfield.

Dans l'Afrique du Sud sir Bartle Frere, nommé en 1877 haut commissaire pour l'Afrique Australe, avait accepté le rôle d'arbitre entre les Boers du Transvaal, maintenant sujets anglais, et les Cafres du Zoulouland, sujets du roi Cetywayo. Non seulement il donna raison aux Boers sur presque tous les points en litige, mais en outre il somma Cetywayo d'accepter, dans un délai de trente jours, sous peine de guerre, la suppression de l'organisation militaire de ses tribus et l'installation d'un résident britannique dans sa capitale. Le *Colonial Office*, hostile à cette politique agressive, commença par refuser à sir Bartle Frere les renforts militaires qu'il réclamait, puis, lorsqu'il se fut décidé à les lui envoyer, donna à sir Bartle Frere l'ordre exprès de les employer exclusivement à la défense du Natal. Mais, quand les renforts et les recommandations arrivèrent, le délai fixé par l'ultimatum avait expiré. Un corps expéditionnaire était entré dans le Zoulouland, et, le 11 février 1878, on apprit à Londres la surprise nocturne et le massacre de tout un détachement anglais à Isandhlwana.

Le désastre fut vite réparé, avant même que sir Garnet Wolseley, précipitamment nommé commandant en chef d'une nouvelle expédition, fût arrivé sur le terrain des opérations. Mais, bientôt après, la politique de lord Beaconsfield subissait en Asie un échec plus grave.

Trois mois après la signature du traité de Gandamak, un mois après l'approbation du traité par le Parlement, on apprit le massacre à Caboul, le 3 septembre 1879, du nouveau résident anglais, sir P. Cavagnari, et de toute la mission anglaise. Ici encore, l'armée anglaise prit rapidement sa revanche : le 12 octobre, lord Roberts rentrait à Caboul, avec vingt mille hommes. Mais l'anarchie continua de régner dans l'Afghanistan. Au nord, le prétendant Abdurrahman menaçait la frontière. A l'ouest, le prétendant Ayoub-Khan occupait Hérat. Au sud, l'Angleterre encourageait un troisième chef,

Shere-Ali, cousin de l'ancien émir, à s'installer à Candahar. Le gouvernement anglais ne savait quel parti tirer de sa conquête.

La destinée de lord Beaconsfield fut étrange. En Europe, il parut recommencer, un instant, la politique de lord Palmerston. Il n'aboutit en réalité, dans le Levant, qu'à des demi-résultats : les temps de lord Palmerston étaient passés, et personne après lord Beaconsfield ne devait renouveler l'expérience. Les affaires de Turquie furent pourtant l'occasion de son plus grand triomphe. Hors d'Europe, il voulut créer une politique nouvelle : il inventa l'impérialisme. La politique inaugurée par lui en Afrique et surtout en Asie devait devenir, après sa mort, la politique populaire du pays. Mais cette politique conduisit, dans l'Afghanistan et dans le Zoulouland, à des revers immédiats ; et le désenchantement qui suivit ces revers entraîna la chute du ministère.

L'industrie anglaise traversait une crise. Le budget dépassait quatre-vingt millions de livres, deux milliards. Les élections générales approchaient. Gladstone, passé prophète, fit, dans le comté du Midlothian où il était candidat, une grande campagne oratoire ; et la dénonciation de l'impérialisme fut le thème de tous ses discours. Le corps électoral condamna la politique extérieure de lord Beaconsfield, et donna dans la nouvelle Chambre des Communes une majorité de plus de cent voix au parti libéral.

III

Le second ministère Gladstone

La reine Victoria, malgré ses répugnances, chargea Gladstone de constituer un ministère. Trois radicaux, John Bright, Chamberlain et sir Charles Dilke, en firent partie. A l'intérieur, la réforme électorale de 1884 fut une réforme démocratique, qui étendit aux paysans les avantages obtenus en 1867 par les ouvriers des villes; mais l'activité réformatrice du ministère fut constamment entravée par la question d'Irlande, en attendant le jour où cette question entraînerait la dislocation et la ruine du parti libéral. A l'extérieur, les circonstances rendirent également difficile, et parfois impossible, l'exécution de la politique de Gladstone.

La politique de retraite

Gladstone reprit pour ministres des affaires étrangères et des colonies ses anciens associés, lord Granville et lord Kimberley ; et en Europe, pendant toute la durée du ministère, la politique anglaise fut pacifique, comme elle l'eût été sous un autre ministère. En 1880 et en 1881, Gladstone essaya d'amener les puissances à une intervention armée contre la Porte, en vue d'obtenir que le Sultan exécutât, vis-à-vis du Montenegro et de la Grèce, les clauses du traité de Berlin. Mais la paix de l'Europe ne pouvait plus être troublée. L'Allemagne et l'Autriche refusèrent d'intervenir effectivement, et l'affaire se termina par un compromis : le Montenegro obtint satisfaction, la Grèce eut la Thessalie, mais plus de la moitié de l'Épire demeura turque.

Hors d'Europe, il était plus difficile de pratiquer une politique de paix. Telle était cependant la volonté de Gladstone : il se proposa de substituer à la politique de marche en avant *(forward policy)* qui avait été celle du ministère précédent, une politique de retraite, et pendant deux ans il réussit à réaliser son programme.

On évacua l'Afghanistan. Ayoub-Khan y disputait le pouvoir à Abdurrahman, et, après avoir remporté la victoire de Maiwand, cernait les troupes anglaises dans Candahar. Le gouvernement anglais s'entendit avec Abdurrahman. Le général Roberts marcha contre Ayoub-Khan et délivra Candahar. Puis tout le territoire fut abandonné. On ne réclama aucune rectification de frontière. On s'en remit à Abdurrahman pour résister aux avances de la Russie. Le 9 mars 1881, déjà malade, presque mourant, lord Beaconsfield protesta, dans la Chambre des Lords, contre cet abandon de sa politique : et cent soixante-cinq voix contre soixante-dix-sept lui donnèrent raison. Mais les Communes donnèrent cent voix de majorité au ministère : cinq libéraux seulement firent défection.

On évacua le Transvaal. Sir Bartle Frere fut d'abord rappelé, en juillet 1880. Les Boers du Transvaal réclamèrent leur indépendance et se soulevèrent pour l'obtenir. Il y eut des malentendus, causés par la distance et les communications difficiles. Le 12 janvier 1881, lord Kimberley entra en négociations avec le Transvaal par l'intermédiaire de Brand, président de l'État d'Orange. Mais, en même temps, sir George Colley, gouverneur du Natal, ouvrait les opérations contre les Boers, et se faisait battre, le 28 janvier, à Laing's Nek. Le 12 février, Krüger, président du Transvaal, demanda à négocier avec le gouvernement anglais. Sir George Colley y consentit, à condition que les Boers, dans un délai de vingt-quatre heures, mettraient bas les armes. Puis, le délai étant expiré, il reprit l'offensive : le 27 février, il se fit battre et trouva la mort à Majuba Hill. Dans l'intervalle, Krüger avait accepté les conditions de sir George Colley. Contre l'avis des militaires, qui demandaient une revanche, le ministère négocia. Au mois d'août, la convention de Pretoria donna aux Boers du Transvaal l'autonomie sous la « suzeraineté » de l'Angleterre. Trois ans plus tard, la convention de 1884 ne parla plus de « suzeraineté » ; mais il fut stipulé que le Transvaal ne pourrait signer des traités avec une puissance étrangère sans le consentement de l'Angleterre.

Les affaires d'Égypte

Malgré une opposition parfois violente, Gladstone avait fait prévaloir jusqu'alors sa volonté. En 1882, des questions plus graves se présentèrent.

Une révolution militaire, dirigée par un indigène, Arabi, avait éclaté en Égypte. A la tête d'un « parti national », hostile à l'Europe et à la Turquie, il imposait sa volonté au Khédive. Fallait-il voir dans ce mouvement une aggravation certaine de l'anarchie égyptienne ? Ou bien fallait-il y voir le commencement d'une renaissance politique, d'une réforme de l'Égypte par les Égyptiens ? Deux puissances étaient tenues de prendre parti : c'étaient la France et l'Angleterre, qui, depuis l'accord de 1878, se considéraient et étaient considérées par l'Europe comme principalement intéressées au maintien de l'ordre en Égypte.

En France, Gambetta parvenait au pouvoir. Il avait un système de politique extérieure, qui reposait sur l'alliance anglaise. Il ne voulait donc pas, en Égypte, de la solution que proposait Bismarck : une intervention collective des Puissances, ou une intervention turque, sur un mandat délivré à la Porte par les puissances. Il voulait une intervention concertée de la France et de l'Angleterre, sans consultation des autres cabinets européens. Que ferait cependant la France si le moment venait où l'Angleterre jugerait nécessaire d'appuyer l'intervention diplomatique par une intervention armée? Laisserait-on l'Angleterre jouer le premier rôle, la France se contentant d'occuper, dans les opérations militaires, un rang subordonné? Gambetta s'y serait résigné peut-être : mais on se heurtait alors à la résistance des patriotes exaltés. Ou bien fallait il faire en Égypte, à côté des Anglais, les frais d'une grande expédition? L'opinion ne le voulait pas. On attribuait à Bismarck le dessein d'affaiblir la puissance française en engageant le gouvernement de la République dans une politique de conquêtes lointaines : un an plus tôt, l'expédition de Tunisie avait soulevé dans le pays un vif mécontentement. Non seulement l'extrême-gauche, numériquement faible, était hostile en principe à toute intervention au Caire, mais les partis conservateurs et les milieux militaires ne voulaient pas d'une campagne d'Égypte. L'indécision de la politique de M. de Freycinet, qui devint, au mois de février, le successeur de Gambetta, traduisit fidèlement la timidité de l'opinion. Des causes générales rendaient nécessaire que la France abandonnât l'Égypte à l'influence anglaise.

En Angleterre, Gladstone et lord Granville étaient hostiles, en principe, à la politique d'intervention. S'il devenait jamais inévitable d'agir, ils auraient souhaité faire appel au concert européen, afin d'engager aussi peu que possible la responsabilité du gouvernement anglais. Mais la France les entraînait à intervenir, et les empêchait de solliciter l'appui des grandes puissances. Le moment vint où, de démarches diplomatiques en démarches diplomatiques, le gouvernement eut le choix entre un débarquement de troupes et une retraite non pas seulement humiliante, mais dangereuse peut-être pour la sécurité des résidents anglais en Égypte. L'attitude du parti conservateur rendit cette retraite impossible. Il n'était pas, comme en France, partisan d'une politique de recueillement, et sommait le gouvernement de reprendre en Égypte la tradition impérialiste, inaugurée par lord Beaconsfield. Il était en minorité à la Chambre des Communes ; mais, sur la question d'Égypte, il exprimait l'opinion de la majorité des électeurs, peut-être même de la majorité des libéraux et des ministres. Sir Wilfrid Lawson faisait à la Chambre des Communes les mêmes discours que Clemenceau à la Chambre des Députés ; il exposait les idées de ceux que leurs adversaires appelaient par dérision les *little Englanders*, les hommes de la « petite Angleterre ». Mais on n'écoutait pas sir Wilfrid Lawson. Une intervention armée de l'Angleterre en Égypte devint nécessaire, en dépit du mauvais vouloir de Gladstone et de lord Granville.

Vers l'occupation

C'est Gambetta qui, au mois de décembre 1881, ouvrit la question d'Égypte. Il força les hésitations de lord Granville, et obtint de lui que les représentants diplomatiques des deux puissances au Caire remissent au Khédive une « note identique », affirmant la résolution adoptée par la France et par l'Angleterre de prendre ensemble toutes les précautions nécessaires contre les périls que l'ordre pouvait courir en Égypte. La note fut remise au Khédive le 6 janvier 1882. Lord Granville se hâta d'ailleurs de rassurer tous les cabinets européens, déclarant qu'il ne s'agissait pas d'un « secours matériel » à donner au Khédive contre le parti révolutionnaire. En même temps, il pressait Gambetta sur la question de savoir ce qu'il faudrait faire, dans le cas où le maintien de l'ordre exigerait une intervention armée. Lord Granville ne voulait pas d'une occupation anglaise. Il voyait bien des dangers à une occupation anglo-française. Une occupation turque temporaire, sous le contrôle de la France et de l'Angleterre, ne serait-elle pas préférable ? et ne conviendrait-il pas, malgré les préventions de Gambetta, que l'on consultât les puissances ?

C'est le 30 janvier que lord Granville posait ces questions : le même jour Gambetta tombait du pouvoir. Freycinet devint président du Conseil, et dès lors il devint difficile à lord Granville de savoir ce que voulait le cabinet français.

Freycinet parut, d'abord, adopter la politique de Gambetta : c'est lui, semble-t-il, qui proposa le premier à lord Granville l'envoi d'une flotte à Alexandrie. Mais, le 11 mai, parlant à la tribune, il se déclarait disposé à une entente avec les puissances ; le 12 mai, écrivant à l'ambassadeur de France à Londres, il admettait qu'il pourrait devenir nécessaire de faire appel à la Turquie. Après quoi, il revint à la politique de Gambetta : le 13 mai, il ne voulut pas que lord Granville demandât aux autres gouvernements d'envoyer, eux aussi, des vaisseaux devant Alexandrie, et, le 19 mai, il s'opposa à une entente immédiate avec la Turquie.

Il espérait peut-être, à force de délais, gagner le moment où les troubles d'Égypte s'apaiseraient d'eux-mêmes, et où la question d'une intervention ne se poserait plus. Mais, le 11 juin, une émeute éclata à Alexandrie, et cinquante européens furent massacrés. Les marins de la flotte anglo-française assistèrent aux troubles sans intervenir. Une démarche des représentants de la France et de l'Angleterre auprès du Khédive pour l'inviter à agir contre le parti révolutionnaire demeura sans effet. La situation de la France et de l'Angleterre en Égypte devenait équivoque.

Gladstone et lord Granville cherchaient toujours une solution pacifique. Freycinet venait de se rallier à leur système. Il admit que l'on fît appel à la Turquie : un bâtiment turc vint mouiller devant Constantinople. Il admit que l'on fît appel au concert européen : une conférence se réunit, le 23 juin à Constantinople, et les ambassadeurs des six grandes puissances signèrent, le 28 juin, au nom de leurs gouvernements respectifs, un « protocole de désintéressement » dans les affaires d'Égypte.

Mais le Sultan se déclarait capable de rétablir, à lui seul, l'ordre en Égypte, et refusait de prendre part aux travaux de la conférence. Le 29 juin, le parti conservateur tint à Londres un meeting, où lord Salisbury prit la parole, et où le gouvernement fut sommé d'intervenir. Après de longues et orageuses séances, le ministère céda. Le 1er juillet, l'amiral anglais, sir Beauchamp Seymour, reçut l'ordre de s'opposer par la force à toute tentative faite par les habitants d'Alexandrie soit pour obstruer le chenal, soit pour élever de nouvelles fortifications. Le 5 juillet, Freycinet refusa de prendre part à l'ultimatum.

Le 11 juillet, la flotte anglaise bombarda Alexandrie. La flotte française s'était retirée.

On s'attendait à la démission de John Bright, de Chamberlain, de sir Charles Dilke, et peut-être même de Gladstone. John Bright seul démissionna.

Le ministère n'avait pas encore renoncé à l'entente française. Le 13 juillet, lord Granville proposa à Freycinet, puisque la France ne voulait pas intervenir dans l'Égypte proprement dite, de consentir à des mesures pour la protection du canal de Suez, « d'accord avec les puissances et dans l'esprit du protocole de désintéressement ». Freycinet consentit, avec des réserves. Mais le parti conservateur protesta en Angleterre. A Paris, les débats du 19 juillet, dans la séance où la Chambre des députés accorda au ministère un crédit extraordinaire de sept millions huit cent trente-cinq mille francs, montrèrent combien l'opinion française était incertaine et défiante. A Constantinople, la Porte manifesta brusquement, le même jour, l'intention de prendre part aux travaux de la conférence : c'était rouvrir les débats, et provoquer de nouveaux délais. Le 24 juillet, Gladstone obtint de la Chambre des Communes, par deux cent soixante-dix-sept voix contre huit voix radicales seulement, un crédit de deux millions trois cent mille livres sterling, cinquante-sept millions cinq cent mille francs. Le 29 juillet, la Chambre française refusa à Freycinet un crédit de neuf millions quatre cent mille francs, pour la protection éventuelle du canal : et Freycinet tomba du pouvoir, pour n'avoir osé prendre aucune initiative, comme il serait tombé s'il avait voulu imposer à une Chambre indécise une politique arrêtée.

Le 2 août, les troupes anglaises occupèrent le canal. Le 13 septembre, sir Garnet Wolseley, à la tête du corps expéditionnaire anglais, termina une campagne rapide par la victoire de Tel-el-Kebir.

Après l'occupation

Arabi fut exilé : un général anglais commanda l'armée du khédive. Un diplomate anglais fut son ministre des affaires étrangères. Le double contrôle disparut. Gladstone avait prédit que l'occupation de l'Égypte par l'Angleterre aurait pour conséquence la conquête de l'Afrique depuis le Caire jusqu'au Cap. Pendant les trois dernières années de son ministère, il essaya de faire mentir sa prophétie.

Il affirma le caractère provisoire de l'occupation, et, en attendant l'évacuation, offrit à la France certains avantages. Mais la France, en 1883, refusa : elle réclama, en principe et immédiatement, le rétablissement intégral de l'état de choses antérieur à la guerre.

En 1884, de nouvelles négociations furent engagées avec Jules Ferry. L'Angleterre voulait garantir un emprunt égyptien et réduire l'intérêt de la dette : mais il lui fallait le consentement de la France. Pour obtenir ce consentement, Gladstone offrit de promettre l'évacuation de l'Égypte et l'établissement d'un contrôle international en 1888, si les puissances étaient unanimes alors à déclarer que l'occupation pouvait cesser sans péril. Mais Jules Ferry, à la Chambre des Députés, se vanta trop haut des résultats obtenus, et le mécontentement fut si vif en Angleterre que Gladstone dut, par une déclaration publique, atténuer l'importance des concessions offertes par son gouvernement. Finalement, quand une conférence internationale se réunit à Londres le 28 juin pour le règlement de la question financière, l'opposition de la France fit échouer le projet anglais.

Au mois de janvier 1885, Gladstone consentit à rouvrir les négociations sur des contre-propositions françaises : malgré les protestations du public, il renonca à une réduction de l'intérêt et accepta un contrôle international pour le service du nouvel emprunt.

S'il n'était pas possible, pour l'instant, d'évacuer l'Égypte, on pouvait empêcher du moins le pays conquis de s'agrandir par de nouvelles conquêtes. Mais ce fut une tâche difficile.

En 1881, l'insurrection religieuse du « Mahdi » avait privé l'Égypte de ses provinces du Soudan et de la région équatoriale : le Khédive et ses conseillers anglais voulurent, pour inaugurer le nouveau régime, reconstituer ce domaine perdu. Le colonel Hicks, « Hicks-Pacha », organisa une expédition sans l'aveu du gouvernement de Londres. Parti de Khartoum à la tête de douze mille hommes, il périt, le 5 novembre 1883, avec toute son armée.

Le cabinet de Londres prescrivit alors l'évacuation du Soudan. Encore fallait-il trouver le moyen de l'effectuer : car les garnisons égyptiennes, dispersées dans le pays, étaient investies par les rebelles. Le général Gordon, un aventurier mystique qui avait réprimé en 1863 l'insurrection chinoise des Taï-Pings, et gouverné avant 1880 pour le compte du Khédive le Soudan Égyptien, partit de Londres, avec mission de faire une enquête sur la meilleure méthode à employer pour évacuer la région. Arrivé au Caire, il se fit charger lui-même de diriger l'évacuation, et partit pour Khartoum. Mais le 26 mai 1884, l'armée du Mahdi s'empara de Berber au nord de Khartoum : Gordon se trouvait cerné à son tour.

Au mois d'avril, après beaucoup d'hésitations, le ministère prit le parti d'expédier des troupes pour délivrer Gordon. Sir Garnet Wolseley, devenu lord Wolseley, fut désigné pour les commander. Il arriva au Caire le 9 septembre. Le 21 janvier 1885, il atteignit Khartoum. La ville était dévastée, et Gordon avait péri. L'armée anglaise se retira vers le nord. La politique égyptienne de Gladstone aboutissait à un désastre.

Progrès de l'Impérialisme

La situation du ministère devint difficile. Il était poussé par un parti radical fortement organisé : mais les exigences mêmes de Chamberlain et de son groupe effrayaient la fraction aristocratique et modérée du parti libéral. La révolution régnait en Irlande. Or, le parti conservateur était mieux armé que le parti libéral pour la réprimer ; et l'alliance avec les Irlandais offrait d'autres dangers. Enfin la politique extérieure du ministère paraissait incohérente.

Gladstone, en parvenant au pouvoir, avait annoncé l'intention de réagir contre l'impérialisme. Puis il avait envoyé des troupes occuper l'Égypte. Puis il avait fait tout ce qui était en son pouvoir pour empêcher l'occupation de devenir effective. Sans doute c'est à contre-cœur que Gladstone avait pris le parti d'occuper l'Égypte : il fallait donc que la politique impérialiste répondît à des nécessités bien impérieuses, puisque le principal adversaire de lord Beaconsfield, devenu premier ministre à son tour, se trouvait condamné par les circonstances à faire, hors d'Europe, de la politique de conquêtes.

Bien des Anglais se demandaient en effet si la politique impérialiste, considérée par eux quatre ans plus tôt comme une fantaisie dispendieuse, et condamnée à ce titre, n'était pas imposée maintenant par les nouveaux besoins économiques de la nation. Non seulement en Égypte, mais sur tout le littoral africain, les négociants réclamaient l'assistance du ministère. Ils se trouvaient gênés par la nouvelle politique coloniale des autres nations d'Europe, ils s'en plaignaient à Londres, et leurs plaintes laissaient trop indifférents, à leur gré, Gladstone, lord Granville, et lord Derby qui avait en 1882 remplacé lord Kimberley aux colonies.

Avec les subsides du roi des Belges, Stanley fondait l' « État indépendant du Congo ». Les

Français occupaient Tunis, Obock, la rive droite du Congo, le haut cours du Niger. Au Sud, les Allemands s'établissaient sur la côte et visaient, de concert avec les Boers du Transvaal, à bloquer la colonie du Cap : il fallut les clameurs des colons de l'Afrique Australe pour décider lord Granville à prévenir les desseins de la politique allemande par l'annexion du Bechuanaland et de la baie de Sainte-Lucie. Sur la côte occidentale, le docteur Nachtigal fondait des colonies allemandes au Togo, au Cameroun : peu s'en fallut qu'il ne s'installât jusqu'aux bouches même du Niger.

Enfin lord Granville subit une humiliation diplomatique. Par un traité spécial, signé au début de 1884, il accorda certains avantages au Portugal sur le Bas-Congo, moyennant des concessions sur le Zambèze. La France, puis l'Allemagne protestèrent ; et lord Granville dut abandonner le traité. Une conférence se réunit à Berlin pour régler toutes les questions de droit international que soulevait l'établissement des Européens en Afrique (répression de l'esclavage ; navigation des fleuves ; définition des sphères d'influence et des droits sur l'*hinterland* des côtes effectivement occupées). Il semblait que l'Allemagne prît la direction des affaires du monde.

Non seulement le parti conservateur bénéficiait des progrès que faisait l'opinion impérialiste, mais dans le parti libéral lui-même ces progrès se faisaient sentir. Car les formes de l'impérialisme anglais sont diverses. Il y a un impérialisme asiatique, l'impérialisme de lord Beaconsfield, qui est monarchique, militaire, administratif et fiscal. Il y a un impérialisme africain, qui est un impérialisme de traitants et d'explorateurs armés, de chasseurs d'éléphants et de chercheurs d'or. Mais il y a aussi un impérialisme qui est républicain, malgré ce que l'accouplement des deux termes a de paradoxal : c'est l'impérialisme des colonies autonomes, qui demandent une constitution fédérale pour toutes les sociétés démocratiques de civilisation anglo-saxonne.

Il était donc possible de se dire impérialiste sans cesser de se dire libéral. Un radical, sir Charles Dilke, avait, en 1868, inventé le vocable dont les impérialistes allaient se servir couramment pour désigner l'ensemble des possessions anglaises : la « Plus Grande Bretagne », par contraste avec la « Grande Bretagne » qui comprend seulement l'Angleterre, l'Écosse et l'Irlande. En 1884, la « Ligue de la Fédération impériale » fut fondée, pour organiser la propagande impérialiste ; et lord Rosebery, qui avait patronné en 1879 la candidature de Gladstone dans le Midlothian, prit une part active aux premiers travaux de la Ligue : « je suis, déclara-t-il, un impérialiste libéral. »

Au mois de mai 1885, Gladstone put mesurer combien sa politique étrangère était devenue suspecte à la Chambre des Communes.

Une commission mixte, composée d'Anglais et

de Russes, était occupée à fixer la frontière septentrionale de l'Afghanistan. Pendant qu'elle opérait, les hostilités éclatèrent entre un avant-poste russe et un avant-poste afghan : les Russes eurent le dessus et occupèrent, le 30 mars 1885, le poste afghan de Penjdeh. Gladstone jugea l'occasion favorable pour démontrer à la fois que sa politique afghane de 1880 avait été sage, et qu'il était capable d'une action énergique. Il demanda un crédit de onze millions de livres, deux cent soixante quinze millions, sur lesquels quatre millions cinq cent mille livres devaient être dépensées au Soudan égyptien, et six millions cinq cent mille, employées « pour des préparatifs spéciaux » dont tout le monde comprit la nature.

Mais Gladstone rencontra, dans le Parlement, une opposition violente. Les orateurs de l'opposition ne contestèrent pas la nécessité de prendre vis-à-vis de la Russie une attitude menaçante et de voter les crédits : ils contestèrent que ces crédits dussent être accordés à un ministère incapable, selon eux, de les employer pour le bien de l'empire. Une motion hostile recueillit deux cent soixante voix contre deux cent quatre-vingt-dix voix ministérielles : trente-neuf irlandais, dirigés par Parnell, votèrent contre le ministère.

Un mois plus tard, sur une question budgétaire, quatre-vingts libéraux firent défection, votèrent contre le ministère ou s'abstinrent : et Gladstone, mis en minorité, donna sa démission.

DEUXIÈME PARTIE

DEUXIÈME PARTIE

LA POLITIQUE IMPÉRIALISTE

Depuis le mois de juin 1885, où lord Salisbury devint premier ministre, les libéraux sont revenus deux fois au pouvoir. en 1886 pour six mois et en 1892 pour trois ans. Mais, dans chacun de ces ministères, la direction des affaires étrangères fut confiée à un impérialiste, lord Rosebery. Il est donc rigoureusement vrai de dire que, depuis 1885, il n'y a plus eu solution de continuité dans la politique extérieure de l'Angleterre. Il convient cependant, au cours de ces vingt années, de distinguer deux phases dans l'exécution même du programme impérialiste.

Lord Salisbury, à la fin de 1885, fit appel au pays, et les élections donnèrent encore une fois la majorité au parti libéral. Mais le troisième ministère Gladstone tomba au bout de quelques mois. Il avait voulu consommer l'alliance du parti libéral avec le parti irlandais, et pacifier l'Irlande en lui accordant ce que ses représentants demandaient : le *Home Rule*, l'autonomie législative, un parlement spécial siégeant à Dublin. Toute une fraction du parti libéral avait refusé d'adhérer à cette politique nouvelle ; et de nouvelles élections générales, au mois de juin 1886, donnèrent tort à la politique de Gladstone. Lord Salisbury redevint premier ministre, non sur un programme impérialiste, mais sur un programme « unioniste ». Le parti qui le soutenait était une coalition de conservateurs et de dissidents libéraux ou radicaux, favorables au maintien de l'« union » législative de l'Angleterre et de l'Irlande. Pendant toute la durée du premier ministère unioniste, de 1886 à 1892, l'impérialisme du gouvernement anglais ne fut pas délibérément agressif.

Trop de questions inquiétantes retenaient, à l'intérieur, son attention. Il fallait lutter contre le séparatisme irlandais : et la popularité de Gladstone restait toujours, pour le parti du *Home Rule*, un appoint redoutable. D'ailleurs le ministère gouvernait avec l'appui d'un groupe radical : il fallait concéder des réformes aux intérêts représentés par Chamberlain. Lord Salisbury fit donc de la politique impérialiste. Mais ce ne fut point en conquérant, ce fut, autant que possible, en diplomate. Ce ne fut point par esprit de système, ce fut dans la mesure où les circonstances extérieures semblaient rendre cet impérialisme nécessaire. Les mêmes causes qui jadis avaient fait de l'Angleterre une puissance coloniale agissaient sur les autres nations. Les commerçants cherchaient des débouchés. Les militaires cherchaient des aventures. Le temps était donc passé où l'Angleterre pouvait considérer le monde barbare comme un grand marché ouvert à ses produits : tout littoral qu'elle n'occuperait pas serait occupé par une nation rivale, et entouré par une frontière de douanes. En prenant part à la « curée africaine », au *Scramble for Africa*, lord Salisbury ne fit que conserver, aux négociants de son pays, une partie de leur ancien marché.

Mais, lorsque les unionistes revinrent au pouvoir, en 1895, après un intervalle de trois années, l'impérialisme anglais prit un caractère différent.

A l'intérieur, les circonstances avaient changé. Le parti libéral s'était décidément discrédité en Angleterre par son alliance avec le parti irlandais : Chamberlain, l'ancien agitateur radical, accepta un poste dans le nouveau ministère de lord Salisbury. La majorité ne pouvait rester toujours unie sur le programme négatif de la résistance au *Home Rule :* Chamberlain choisit le ministère des colonies, et donna l'impérialisme pour programme d'action au parti conservateur rajeuni. L'impérialisme ne fut pas pour lui, comme pour lord Salisbury, une nécessité politique et économique, à laquelle un homme d'état conservateur pouvait se conformer sans scrupules : ce fut une « plateforme » électorale, délibérément choisie pour échauffer l'enthousiasme chauvin des grandes villes.

A l'extérieur, les circonstances avaient pareillement changé. La planète devenait petite pour les convoitises européennes. Il semblait difficile de les satisfaire toutes par des accords pacifiques. De là des conflits incessants, auxquels la politique de Chamberlain contribua. Depuis 1898, l'une ou l'autre des grandes nations du globe s'est trouvée, presque sans interruption, occupée par une grande guerre. Une fois même, le contre-coup des rivalités coloniales a paru menacer la paix de l'Europe.

I

Le partage de l'Afrique

En Europe, lord Salisbury n'eut pas de politique. La Double Alliance de la France et de la Russie se formait en réponse à la Triple Alliance de l'Allemagne, de l'Autriche et de l'Italie ; mais l'opposition de ces deux systèmes consolidait, plutôt qu'il ne l'ébranlait, l'équilibre européen. L'Angleterre, rivale de la Russie en Asie, alliée à l'Italie dans la Méditerranée, se trouva rapprochée des trois puissances de l'Europe centrale. Mais il n'y eut pas d'alliance, et l'attitude de l'Angleterre resta une attitude d'isolement et d'indifférence.

Dans le Levant, il se produisit des événements qui, trente ans ou même dix ans plus tôt, auraient pu provoquer l'intervention d'une puissance étrangère. La Roumélie Orientale se souleva et se donna à la Bulgarie ; une guerre éclata entre les Serbes et les Bulgares. Mais la crise resta, cette fois, limitée aux Balkans. La Russie voyait sans plaisir les peuples slaves des Balkans prendre une allure indépendante : elle finit par obtenir, au moyen de conspirations et d'intrigues, l'abdication du prince

Alexandre en Bulgarie. L'Allemagne, assistée par l'Autriche, jouait à Constantinople le rôle d'une puissance alliée et protectrice. L'influence des puissances occidentales diminuait. Mais tous les gouvernements se mettaient d'accord pour prolonger autant que possible l'état de choses existant. Lorsque la Grèce, en 1886, profitant de l'état de trouble qui régnait aux Balkans, voulut armer contre la Turquie, lord Rosebery, alors ministre, proposa aux puissances d'obtenir, par le blocus du port d'Athènes, le désarmement de la Grèce. Le blocus eut lieu, et la Grèce désarma.

Une politique d'action était impossible en Europe. Hors d'Europe, elle s'imposait.

Les Anglais apprenaient, de jour en jour, à voir dans leur empire colonial un débouché indispensable pour leur commerce. Le jubilé célébré en 1887, à l'occasion de la cinquantième année du règne de la reine Victoria, fut une grande manifestation impérialiste. Une « conférence impériale », à laquelle toutes les colonies autonomes envoyèrent des délégués, se réunit à Londres, au ministère des affaires étrangères. Dans un discours d'ouverture, lord Salisbury expliqua qu'il ne s'agissait pas de donner une constitution à l'empire. Le problème n'était ni d'organiser une fédération analogue à la fédération germanique, ni d'organiser une union douanière, un *Zollverein*. Ce dont l'empire avait besoin, c'était d'un *Kriegsverein*, d'une association défensive. L'impérialisme de lord Salisbury était prudent, et exempt de mégalomanie. Puisque l'empire existait, et puisqu'il pouvait devenir nécessaire de le défendre contre les attaques du dehors, lord Salisbury démontrait aux colonies la nécessité de prendre part aux frais de la défense ; et, en ce qui concernait la protection du littoral sud-africain et australien, il obtint de la conférence des résultats importants. Il fit preuve du même esprit de circonspection dans ses relations avec les puissances étrangères dont la politique coloniale pouvait faire obstacle à la politique coloniale de l'Angleterre.

L'Asie ne retint pas son attention.

Aux Indes, les vice-rois continuaient la politique de prestige et d'expansion, dont lord Beaconsfield avait inventé la formule. La Birmanie fut annexée en 1885, après des opérations militaires très rapides : l'Angleterre eut accès aux provinces méridionales de la Chine et à la vallée du Yang-tsé-Kiang. En 1887, le jubilé de la reine, impératrice des Indes, fut célébré avec faste. En 1890, un traité avec la Chine étendit la domination anglaise sur le Sikkim, malgré les protestations thibétaines.

Mais l'Angleterre était impuissante au Nord-Ouest contre les progrès de la Russie. En 1889, un traité fut signé entre la Russie et la Perse, et l'influence russe devint prépondérante dans un pays que l'Angleterre considérait depuis 1857 comme un pays allié. En 1891, il fallut envoyer un agent à Caboul, pour savoir quel crédit méritaient des bruits relatifs à des négociations engagées entre la Russie et l'émir. La même année, le colonel Yanoff passait l'Hindou-Kouch, et commençait une série d'incursions sur le territoire anglais. Les Anglais devaient se résigner également aux progrès de l'influence russe dans le nord de la Chine.

C'est dans l'Afrique, objet des compétitions européennes, que des problèmes plus pressants occupaient l'opinion anglaise. Lord Salisbury n'osa pas, étant données les difficultés de la politique intérieure, demander des crédits pour des expéditions militaires. Il employa des moyens plus pacifiques, moins coûteux, mais aussi efficaces. Il encouragea les efforts de certaines compagnies coloniales. Il conclut des accords diplomatiques avec les autres nations colonisatrices.

Les compagnies à charte

Mécontents de l'inaction systématique du ministère libéral, certains Anglais s'étaient, depuis quelques années, groupés aux colonies en vue de faire de la politique d'annexion sans demander le concours ni de l'armée ni de la marine anglaises. Lord Salisbury, accorda son appui à ces sociétés de colonisation.

En 1881, le ministère libéral avait accordé une charte d'incorporation à la « Compagnie du Bornéo Septentrional ». Le ministère unioniste prit cette charte pour modèle, et transforma trois grandes sociétés africaines en autant de « compagnies à charte ». Les chartes accordées imposèrent aux compagnies l'obligation de n'établir aucun monopole commercial, et de respecter la liberté religieuse et personnelle des indigènes ; d'être soumises à un conseil de direction exclusivement anglais ; enfin d'accepter le contrôle du gouvernement anglais sur les relations qu'elles entretiendraient soit avec les chefs indigènes, soit avec les puissances étrangères. Moyennant ces obligations, les compagnies obtinrent d'exercer des droits régaliens sur le territoire qui leur était concédé : droit de rendre la justice au civil et au criminel ; droit de battre monnaie ; droit de lever l'impôt.

Sur le Bas-Niger, les Français d'un côté et les Allemands de l'autre menaçaient la domination anglaise. Goldie Taubman (plus tard sir George Taubman Goldie) prit la direction d'une compagnie commerciale anglaise installée dans cette région, la réorganisa, et, en 1884, absorba dans cette compagnie les compagnies françaises qui lui faisaient une concurrence gênante.

L'année suivante, l'allemand Flegel, sous les auspices du parti colonial allemand, partit pour le Niger : il s'agissait pour lui d'agrandir la colonie allemande du Cameroun vers le Sokoto et le Gando. Mais l'explorateur anglais Thompson, dépêché par Goldie Taubman, le devança. Des traités furent signés avec les deux sultans, trois cents traités avec les petits chefs de l'intérieur. En juillet 1886, Goldie Taubman obtint enfin, pour la « Compagnie royale du Niger », la charte d'incorporation qu'il sollicitait depuis longtemps et qui lui avait été deux fois refusée. Ainsi fut fondée la « Nigeria ».

A l'Est, William Mackinnon (plus tard sir William Mackinnon), président d'une compagnie de navigation qui mettait en communication, depuis 1872, l'Inde, Zanzibar et l'Europe, avait pris un ascendant absolu sur l'esprit du sultan de Zanzibar. En 1877, il s'était fait offrir par celui-ci, pour l'Angleterre, la cession de tout le littoral africain, en face de Zanzibar : lord Beaconsfield déclina l'offre. Mackinnon reprit l'entreprise à lui seul.

L'Angleterre, après avoir assumé la responsabilité de gouverner l'Égypte, avait évacué le Soudan égyptien. Mais on pouvait en retrouver le chemin par le Sud. Gordon avait été sacrifié. Mais on savait qu'un de ses anciens lieutenants, l'Allemand Emin-Pacha restait sain et sauf sur le Haut-Nil : on pouvait ne pas laisser aux Allemands, qui prenaient pied sur la côte orientale, le soin de le délivrer. En 1887, Mackinnon conçut et réalisa simultanément deux projets. D'une part, il trouva l'argent nécessaire pour subventionner une expédition qui, sous les ordres de Stanley, partit de la côte occidentale d'Afrique à la recherche d'Emin. D'autre part, il fonda, pour l'exploitation de la région qui s'étend de la côte orientale aux grands lacs, une compagnie, qui obtint, le 3 septembre 1888, sa charte d'incorporation. Elle s'appelait l'*Imperial British East African Company,* et les initiales de ce titre donnèrent son nom à la nouvelle province : ce fut l' « Ibea ».

La compagnie poussa des explorateurs, Jackson, Piggot, Lugard, vers le lac Victoria. Les Allemands furent devancés. Stanley délivra Emin. En octobre 1890, le colonel Lugard occupa l'Ouganda, qu'un accord avec l'Allemagne venait de placer dans la sphère d'influence anglaise. Puis, en 1891, sir William Mackinnon signa une convention avec le roi des Belges, souverain de l'État du Congo : l'État du Congo s'étendait jusqu'à Lado sur le Haut-Nil, la « Compagnie de l'Afrique Orientale » recevait en revanche une bande de dix kilomètres de largeur, depuis le lac Albert jusqu'au lac Tanganyika. Les possessions anglaises des sources du Nil se trouvaient donc reliées, par cette convention, à travers les eaux neutres du Tanganyika, avec les possessions anglaises du Zambèze. C'était la revanche de la politique de Gladstone. De nouveau, on pouvait entrevoir le jour où il y aurait, depuis le Cap jusqu'au Caire, une ligne ininterrompue de postes anglais.

Alors sir William Mackinnon considéra son œuvre comme terminée. Il demanda au gouvernement anglais de ratifier la convention et de reprendre l'administration de l'Ouganda. Mais les élections générales approchaient, et l'opposition libérale était forte. Lord Salisbury n'osa pas se faire forcer la main; il opposa, pour l'instant, un refus aux deux demandes de sir William Mackinnon.

Dans l'Afrique Australe, Cecil Rhodes, après avoir fait fortune dans les mines de diamant de Kimberley, s'occupait de politique au parlement du Cap : il paraissait vouloir devenir le dictateur d'une sorte de république anglo-hollandaise, maîtresse de toute l'Afrique du Sud. Le gouvernement anglais ayant signé, le 11 février 1888, un traité de paix et d'alliance avec Lobengula, roi du Matabeleland, c'est-à-dire de la région qui s'étend du Transvaal jusqu'au fleuve Zambèze, Cecil Rhodes obtint, pour une compagnie dont il était directeur, la concession de toutes les mines du pays. Un an plus tard, la société reçut sa charte, et devint la *British South Africa Chartered Company*. Son champ d'action s'étendait sur cinq cent milles carrés : ce fut plus tard la « Rhodesia ».

Sept cents Anglais se mirent en marche, dans l'été de 1890, pour occuper le pays d'une manière effective, construisant sur leur chemin une route militaire. Deux ans plus tard, le télégraphe atteignait la nouvelle capitale de Salisbury. Vers l'est, les progrès de la compagnie se heurtaient aux prétentions du Portugal : mais l'arrestation sommaire de trois explorateurs portugais, et l'occupation de la région du Manica tranchèrent la question au bénéfice des Anglais. Au Nord, la compagnie se trouvait en contact avec une autre compagnie anglaise, la compagnie « des Lacs Africains », qui exploitait, sans beaucoup d'activité, la région du lac Nyassa : Cecil Rhodes l'incorpora à la compagnie à charte. En 1892, il annonça son grand dessein : la construction d'un chemin de fer, entièrement anglais, qui, parti du Cap, atteindrait le Caire.

Les accords diplomatiques

En même temps les diplomates anglais préparaient, consacraient, parfois limitaient, par une série d'accords internationaux, l'action des compagnies à charte. Lord Salisbury acceptait les conditions nouvelles que la conférence de Berlin avait faites aux colonisateurs de l'Afrique, et travaillait à régler pacifiquement, selon les règles sur lesquelles les puissances s'étaient mises d'accord à Berlin, le « partage de l'Afrique ».

Des négociations étaient engagées avec l'Allemagne, lorsque lord Salisbury devint ministre. Il les fit aboutir. Une convention relative au Cameroun fut signée en août 1886 ne autre convention, signée en octobre, définit, sur le littoral oriental, les droits respectifs du Sultan de Zanzibar, de l'Allemagne et de l'Angleterre. Un arrangement relatif au Togo fut conclu en 1888. La même année, la flotte anglaise aida la flotte allemande à réprimer, sur la côte orientale, une insurrection des traitants arabes et des indigènes. En retour de ce service, l'Angleterre obtint que toutes les questions pendantes en Afrique entre les deux gouvernements fussent réglées par un accord général. Ce fut la convention du 1er juillet 1890. L'Angleterre céda, en face de Hambourg, le rocher de Heligoland. Elle obtint le protectorat des îles de Zanzibar et de Pemba. Au Togoland, au Cameroun, dans le Sud-Ouest, dans l'Est, toutes les questions de frontières furent réglées.

Lord Salisbury essaya de régler aussi par la voie diplomatique les questions pendantes avec la France.

C'est sous son ministère que l'évacuation de l'Égypte fut, pour la dernière fois, l'objet de négociations officielles. Lord Salisbury s'adressa au Sultan, auprès de qui sir Henry Drummond Wolf fut envoyé avec une mission spéciale, et un projet de convention fut rédigé. L'Angleterre évacuerait l'Égypte au bout de trois ans, s'il paraissait alors que l'évacuation ne faisait pas courir de péril à l'ordre. L'Angleterre se réservait en revanche le droit de nommer la majorité des officiers de l'armée égyptienne, et de réoccuper l'Égypte en cas de nécessité. Mais la France et la Russie protestèrent contre la clause de réoccupation, et persuadèrent au Sultan de ne pas l'accepter ; et le 16 juillet 1887, sir Henry

Drummond Wolf quitta Constantinople sans avoir abouti.

Dans le reste de l'Afrique, plusieurs conventions furent signées entre la France et l'Angleterre. En 1888, les deux puissances s'engagèrent à n'occuper, ni l'une ni l'autre la province abyssine du Harrar, située dans l'hinterland de la colonie française d'Obock, et se reconnurent mutuellement le droit de s'opposer, dans cette région, à l'influence d'un tiers. Par une série de conventions spéciales, relatives à l'hinterland des colonies anglaises de la Gambie, de Sierra-Leone et de la Côte-d'Or, la possession du bassin du Haut-Niger fut reconnue à la France. Enfin, le 5 août 1890, un arrangement général intervint. La frontière fut fixée entre le Niger et le Tchad, le royaume de Sokoto restant à l'Angleterre. Sur la côte orientale, la France avait protesté contre l'établissement, à Zanzibar, d'un protectorat anglais qui violait des traités antérieurs. L'Angleterre reconnut en retour à la France le droit d'établir un protectorat à Madagascar.

Cet arrangement ne réglait pas toutes les questions. Les Français et les Anglais ne se mirent pas d'accord sur l'étendue du royaume de Sokoto ; les uns et les autres gardaient des prétentions inconciliables sur la rive droite du Niger. En France, l'opinion s'irrita d'une boutade de lord Salisbury sur « le sable du Sahara que le coq gaulois pourrait gratter à l'aise ». Pourtant les dispositions de lord

Salisbury étaient conciliantes : en Angleterre, l'abandon de Madagascar à l'influence française irrita les missionnaires et les négociants.

Enfin des accords furent conclus avec l'Italie et le Portugal.

Le gouvernement anglais lui-même encouragea les Italiens à occuper Massaouah sur la côte de la Mer Rouge, pour surveiller le Mahdi et l'empêcher d'accéder à la mer. En 1889, l'Italie occupa la côte du Somaliland méridional ; et, en mars 1891, un arrangement décida quelles seraient les frontières entre les colonies italiennes, les possessions anglaises et l'Égypte.

Vis-à-vis du Portugal, au contraire, le gouvernement anglais eut une attitude brutale. Les Portugais, qui se fondaient tout à la fois sur des droits historiques dont l'antiquité était incontestable et sur les décisions de la conférence de Berlin, prétendaient réunir leurs possessions du Zambèze et de l'Angola en un seul empire transafricain. L'Allemagne et la France donnèrent en 1886 quelque encouragement à ces prétentions. Mais c'est en vain que le Portugal protesta contre les empiètements des colons anglais sur le Zambèze. Pour avoir refusé de ratifier en 1890 un premier projet de convention dont l'Angleterre avait, par un ultimatum, imposé l'acceptation au cabinet de Lisbonne, le Portugal dut subir la convention, plus désavantageuse encore, du 11 juin 1891.

Lord Rosebery

En 1892, il fallut dissoudre la Chambre des Communes, qui avait fourni ses six années normales d'existence : les élections rendirent la majorité au parti libéral et Gladstone devint premier ministre pour la quatrième fois. Mais il ne fut pas maître d'exécuter son programme de politique intérieure : le nouveau projet de loi accordant l'autonomie législative à l'Irlande fut repoussé par la Chambre des Lords, et abandonné temporairement. En matière de politique étrangère, on ne tint pas compte de sa volonté.

Lord Rosebery, impérialiste déclaré, fut ministre des affaires étrangères ; et, lorsque le premier ministre voulut rouvrir avec l'ambassadeur de France à Londres la question d'Égypte, lord Rosebery protesta, revendiquant pour lui seul la direction de la politique extérieure. Gladstone céda ; mais, deux ans plus tard, en 1894, il jugea ne pouvoir rester ministre lorsque ses collègues donnèrent leur assentiment à un projet de constructions maritimes qui devait lourdement grever le budget. Une nouvelle politique, contraire à tous les principes de paix et d'économie qui avaient fondé la politique financière et la politique générale de Gladstone, l'emportait même dans le ministère libéral. Gladstone se retira. Lord Rosebery devint premier ministre, et lord Kimberley ministre des affaires étrangères.

La politique extérieure de lord Rosebery et de lord Kimberley ne différa pas notablement de celle qu'avait suivie lord Salisbury : mais la difficulté d'éviter des conflits sérieux avec les autres nations colonisatrices, en particulier avec la France, fut plus grande.

Dans l'Afrique Occidentale, il y eut un conflit sanglant entre des officiers français et des officiers anglais. Mais le conflit était dû à une méprise : il n'entraîna pas de difficultés entre les deux gouvernements, et un arrangement relatif à l'hinterland de la colonie anglaise de Sierra Leone intervint au mois de janvier 1895. En 1894, l'Angleterre reconnut le protectorat italien sur l'Abyssinie tout entière, y compris le Harrar ; et la France protesta contre cette violation de la convention de 1888. Dans l'Ouganda, une guerre civile éclata entre le parti des missionnaires catholiques, qui étaient des Pères Blancs français, et le parti des missionnaires protestants : le colonel Lugard la termina au profit des protestants. Puis le protectorat anglais fut établi sur l'Ouganda, et la convention de 1891 avec le roi des Belges ratifiée en 1894. Mais le gouvernement allemand protesta contre la cession faite à l'Angleterre d'une bande de territoire entre le lac Albert et le lac Tanganyika, et cette clause dut être abandonnée.

Dans l'Afrique Australe, la « compagnie à charte » eut à réprimer en 1893 une insurrection des Matabelés ; et en juillet 1894 un décret, un *order in council,* lui donna sa constitution définitive. Avec le Transvaal, le gouvernement anglais entretenait des relations amicales : il l'autorisa, par deux conventions signées en 1893 et en 1895, à établir un protectorat sur le Swaziland, moyennant la garantie de certains avantages aux résidents anglais.

En Asie, la France obtint des avantages au Siam; et, pour prévenir les conflits, lord Rosebery adopta le système des *buffer states,* ou « états-tampons ». Les deux états se mirent d''accord, en 1893, pour créer un état-tampon sur le Haut-Mékong. L'accord anglo-chinois de 1894, relatif à la Birmanie, accorda à la Chine, entre le Salouen et le Mékong, un territoire qui sépara les possessions françaises des possessions anglaises.

Mais, vis-à-vis de la Russie, les événements déjouèrent la politique anglaise. Au Pamir, les deux puissances étaient devenues limitrophes; une commission fixa en 1895 la frontière. En Mandchourie, l'Angleterre s'effrayait des empiètements de la Russie, et, pour faire obstacle à ces empiètements, voulait l'alliance de la Chine et du Japon. Elle n'empêcha pas cependant la guerre d'éclater entre les deux pays. D'abord lord Rosebery, sur la demande de la Chine, proposa aux puissances européennes d'intervenir : il essuya un refus. Puis, après les victoires du Japon et la signature, en avril 1895, du traité de Shimonoseki, ce furent la Russie, la France et l'Allemagne qui intervinrent pour forcer le Japon à restituer la plus grande partie de ses conquêtes. Cette fois, l'Angleterre refusa de se joindre aux puissances. L'influence russe devint prépondérante à Pékin. L'Angleterre se rapprocha du Japon.

Aussi bien, lord Rosebery ne garda pas longtemps la direction de la politique anglaise. Même avec l'alliance impopulaire des Irlandais, le parti libéral ne disposait à la Chambre des Communes que d'une majorité infime. A la Chambre des Lords, une majorité hostile repoussait toutes les réformes démocratiques demandées par le ministère. Le pays comprenait mal la combinaison, imaginée par lord Rosebery, d'une politique impérialiste à l'extérieur avec une politique radicale à l'intérieur. Après les élections générales de 1895, le parti libéral se trouva en minorité au Parlement; et lord Rosebery, orateur disert, eut désormais pour fonction de paralyser, par ses discours, l'opposition du parti libéral à la politique impérialiste.

II

La période des conflits

Dans le nouveau cabinet, lord Salisbury fut à la fois premier ministre et ministre des affaires étrangères. Mais, à la différence de ce qui s'était passé en 1886, les dissidents unionistes du parti libéral, et en particulier Chamberlain, participèrent au pouvoir.

Depuis quelques années, Chamberlain s'était converti à l'impérialisme. Il s'était intéressé pour la première fois aux problèmes impériaux lorsque le ministère unioniste l'avait choisi, en 1887, pour arbitre entre les États-Unis et l'Angleterre, dans la question des pêcheries du Canada. En 1890, au retour d'un voyage en Égypte, il avait rétracté ses opinions passées et s'était déclaré partisan de l'occupation anglaise, dans l'intérêt même des Égyptiens. Il hésita, en 1895, entre le ministère des affaires étrangères et le ministère des colonies. Finalement, il se décida pour les colonies : c'était prendre la direction effective des affaires étrangères, puisque la politique extérieure de l'Angleterre était devenue presque exclusivement coloniale.

Affaires d'Orient

Moins que jamais, en effet, il était question, pour l'Angleterre, d'intervenir en Europe. Des événements graves se produisirent dans le Levant. Mais la crainte de compromettre la paix de l'Europe paralysait l'action des puissances.

Lord Rosebery était encore au pouvoir lorsque les massacres d'Arménie commencèrent à la fin de 1894 : le ministère libéral et le ministère conservateur pratiquèrent successivement la même politique. L'Allemagne et l'Autriche étaient ouvertement favorables au Sultan. La Russie ne pouvait pas se désintéresser, d'une manière aussi ostensible, du sort des populations chrétiennes en Orient ; mais elle ne voulait pas qu'une Arménie autonome fût constituée à côté de l'Arménie russe. La France suivait la Russie. L'Angleterre ne se sépara pas de ces deux puissances. Un programme de réformes fut présenté au Sultan, en mai 1895, par les ambassadeurs de l'Angleterre, de la Russie et de la France : des fonctionnaires chrétiens seraient nommés par le Sultan dans les districts chrétiens, en nombre proportionné au nombre des habitants chrétiens.

Le programme fut accepté par le Sultan en octobre 1895 : mais serait-il exécuté ? Lord Salisbury avoua qu'il en doutait, mais il ne proposa pas d'autre remède : la paix, déclara-t-il, était nécessaire à l'Europe, et la condition du concert européen, c'était le maintien de l'intégrité de l'empire ottoman. Les massacres continuèrent : en Angleterre et en France l'opinion chrétienne et philanthropique s'émut. Gladstone lui-même sortit de sa retraite, et prit part à une grande manifestation publique : il prétendit que la convention de Chypre imposait à l'Angleterre, depuis 1878, des obligations vis-à-vis des chrétiens d'Asie-Mineure. Mais le public demeura indifférent. Le parti libéral se divisa et se désorganisa : lord Rosebery, qui refusait de critiquer la politique arménienne de lord Salisbury, cessa d'être le chef du parti, et le parti resta sans chef.

Puis les troubles de Crète, compliqués par l'intervention de la Grèce, éclatèrent ; et l'Arménie fut oubliée.

L'Angleterre était la puissance la plus favorable, et l'Autriche, appuyée par l'Allemagne, était la plus hostile à l'intervention grecque. La politique moyenne de la Russie, appuyée par la France, prévalut. On empêcha la Turquie de réprimer par la force l'insurrection crétoise et on empêcha cependant la Crète de s'unir à la Grèce ; on empêcha la Grèce de faire la guerre à la Turquie et on empêcha la Turquie de s'agrandir aux dépens de la Grèce.

En février 1897, une expédition grecque fut envoyée en Crète au secours des insurgés : l'Angleterre repoussa la proposition faite par l'Allemagne, qui demandait un blocus des ports grecs, mais les puissances envoyèrent une flotte internationale occuper les ports crétois. Au mois d'avril, la Grèce ayant déclaré la guerre, l'armée turque entra en Thessalie et en Epire : les puissances obligèrent la Porte, en septembre, à se contenter, pour prix de ses succès, d'une rectification de frontière et d'une indemnité. En avril 1898, les cabinets de Vienne et de Berlin déclarèrent se désintéresser de la question, et rappelèrent de Crète leurs vaisseaux et leurs troupes. L'Angleterre et l'Italie acceptèrent alors la solution proposée par la Russie et par la France : la Crète resta ottomane, les puissances continuèrent l'occupation, et le prince Georges de Grèce fut nommé haut commissaire des puissances. La Porte accepta l'arrangement le 1er décembre 1898.

L'affaire était réglée par un compromis et sans convulsion européenne. L'Angleterre avait joué un rôle timide dans toutes les négociations.

Affaires d'Extrême-Orient

C'est dans les autres parties du monde, et non dans toutes, que les impérialistes avaient la volonté et le pouvoir d'agir.

Dans l'Extrême-Orient, l'influence politique de l'Angleterre déclinait au profit de l'influence russe. En 1897, la Russie conclut un arrangement avec le Japon pour déterminer la part que chaque pays prendrait respectivement à l'administration et à l'exploitation de la Corée. Le bruit courait en même temps que la Russie avait signé avec la Chine un traité secret, en vertu duquel la Russie était autorisée à faire passer le chemin de fer transsibérien par la Mandchourie, et louait à bail un port chinois, Kiao-Tchéou ou Port-Arthur. A la fin de 1897, ce fut l'Allemagne qui occupa militairement et loua à bail pour une période de quatre-vingt-dix-neuf ans le port de Kaï-Tchéou. Trois mois plus tard la Russie occupa Port-Arthur et Ta-lien-Wan dans la péninsule du Liao-Toung. Alors l'Angleterre demanda et obtint la location à bail de Weï-haï-Weï, à l'entrée du golfe du Pé-tchi-Li, en face du Liao-Toung.

En même temps la curée des chemins de fer commença. Au sud du Yang-tsé-Kiang, les Anglais eurent des concessions. Dans le Yunnan et sur la frontière birmane, où ils luttaient contre les compétitions françaises, ils obtinrent des avantages par un traité signé avec la Chine, le 5 juin 1897. Mais dans l'intérieur, entre la région de Pékin et le cours du Yang-tsé-Kiang, les concessions allaient à la Russie, assistée par des capitalistes français et par des ingénieurs belges. Le long de la côte, entre Nankin et Tientsin, les constructeurs anglais de chemins de fer étaient obligés de transiger avec les Allemands du Shantoung. A Tientsin commence le chemin de fer chinois qui gagne la Grande Muraille et la frontière méridionale de la Mandchourie. Qui le continuerait en Mandchourie? Seraient-ce les Anglais, et irait-il aboutir à Niou-Tchouang?

Seraient-ce les Russes, et irait-il aboutir à Moukden ? Après deux années d'intrigues à la cour de Pékin, l'Angleterre et la Russie conclurent, le 28 avril 1899, un accord en vertu duquel l'Angleterre s'engageait à ne solliciter aucune concession au nord de la Grande Muraille : la Russie prenait, en retour, le même engagement au sud du Yang-tsé-Kiang.

Bref, devant le progrès des autres nations colonisatrices, l'Angleterre renonçait à ses traditions. Elle ne demandait plus comme autrefois, la libre pénétration de tout le marché chinois par tous les produits de l'Europe. Elle se réservait le monopole de l'exploitation de certaines régions, abandonnant le reste à d'autres nations. Le principe du « partage des sphères d'influence », mis à la mode par l'Allemagne à la conférence de 1884, se substituait au principe anglais de la « porte ouverte ». La politique de l'Angleterre en Extrême-Orient était, malgré ses apparences conquérantes, une politique défensive, qui livrait tout le nord de la Chine à l'influence de la Russie : c'est le moment où l'on prit l'habitude de considérer les progrès de la Russie dans ces régions comme naturels et nécessaires.

L'impérialisme africain

L'impérialisme de lord Beaconsfield était asiatique : puisque tant de causes faisaient obstacle maintenant à la diplomatie britannique en Asie, il était inévitable que l'impérialisme de 1895 prît un un caractère africain. D'ailleurs les affaires de Chine regardaient le ministre des affaires étrangères : or lord Salisbury, maintenant un vieillard, n'avait jamais eu de goût, même au temps de sa jeunesse, pour une politique de prestige. Au contraire, pour le règlement des affaires d'Afrique, l'influence prépondérante devait être celle du ministre des colonies : or Chamberlain était un homme d'action et de révolution.

A peine le parti unioniste fut-il revenu au pouvoir, que l'on reprit l'exécution du grand projet, compromis, quinze ans plus tôt, par la politique du ministère Gladstone : il s'agissait d'établir la jonction entre les possessions anglaises d'Égypte et celles de l'Afrique Australe. L'affaire fut engagée à la fois par le Sud et par le Nord.

Au Sud, la première campagne fut malheureuse. Il fallait retirer à la république du Transvaal, au moins partiellement, l'indépendance à peu près absolue que Gladstone lui avait accordée en 1881 et confirmée en 1884. On avait, depuis cinq ans, découvert de l'or dans la partie méridionale de la république ; et la colonie anglaise, aux mines de Johannesburg, était de plus en plus nombreuse et de plus en plus mécontente. Hommes d'affaires, ingénieurs, commerçants, ouvriers, avocats, les « Uitlanders » demandaient à ne plus être traités comme une population flottante, et privés de droits politiques. Certains meneurs finirent par organiser un mouvement révolutionnaire, de concert avec des Anglais de l'extérieur, et en particulier avec Cecil Rhodes, alors premier ministre dans la colonie du Cap. Jusqu'où alla, dans les événements qui suivirent, la complicité ou la connivence des directeurs de la « compagnie à charte » et du ministère anglais des colonies? Voici les faits qui ne sont pas contestés.

Les directeurs de la « compagnie à charte » déléguèrent à Cecil Rhodes, par acte notarié, tous les pouvoirs que la charte d'incorporation leur avait donné le droit et imposé l'obligation d'exercer: Cecil Rhodes se trouva donc investi, sur tout le territoire de la compagnie, d'une dictature véritable.

Le ministère des colonies, de son côté, transféra à la « compagnie à charte » le territoire du Bechuanaland, qui bordait à l'Ouest la république sud-africaine; et les troupes de police qui y étaient établies reçurent l'ordre de rallier le poste de Mafeking, où le docteur Jameson, un des lieutenants de Cecil Rhodes, se chargerait d'en tirer les éléments d'une nouvelle police, désormais salariée par la compagnie. Jameson se trouva de la sorte mis à la tête d'une petite armée, sur la frontière même du Transvaal.

Puis un plan de campagne fut établi. Aussitôt que le mouvement révolutionnaire aurait éclaté à Johannesburg, Jameson interviendrait pour protéger les « Uitlanders » contre le soulèvement des Boers de la campagne ; Cecil Rhodes obtiendrait ensuite du gouvernement de Londres l'adhésion au fait accompli ; et on proclamerait, sinon, comme en 1877, l'annexion du Transvaal tout entier, du moins l'établissement d'un régime d'autonomie locale pour Johannesburg et la région des mines.

Mais le plan fut mal exécuté. D'abord les mécontents de Johannesburg perdirent du temps. Beaucoup étaient allemands et s'effrayèrent à l'idée de participer à un mouvement nettement anglais. Enfin les difficultés paraissaient aplanies, l'insurrection était fixée au 6 janvier 1896. Ce fut alors Jameson qui s'impatienta, et voulut aller trop vite. Le 27 décembre 1895, avant d'avoir été appelé, il envahit le territoire de la République, à la tête de quatre ou cinq cents hommes.

Cette imprudence perdit tout. D'une part, malgré les télégrammes de Cecil Rhodes, qui le suppliait d'attendre quelques jours, il fut impossible à Chamberlain de ne pas désavouer l'incursion, le *raid* de Jameson. D'autre part, Krüger, président de la République Sud-Africaine, amusa les gens de Johannesburg par des négociations, pendant que les Boers, vite appelés sous les drapeaux, cernaient à Krügersdorp la troupe de Jameson, et l'obligeaient à se rendre.

L'empereur allemand adressa au président Krüger une lettre de félicitations, la politique extérieure de l'Angleterre devint suspecte à l'Europe entière. Cecil Rhodes se démit, au Cap, de son poste de premier ministre. Jameson, livré aux autorités anglaises, fut condamné à dix-huit mois de prison. A Johannesburg, les Uitlanders furent désarmés et les quatre principaux meneurs condamnés à des amendes très fortes, dont le montant permit au gouvernement du Transvaal d'acheter des canons et des fusils. Le ministère anglais consentit, au mois de juillet, qu'une commission d'enquête fût nommée pour établir les responsabilités.

Au Nord, la politique anglaise fut plus heureuse. On avait compté sur l'Italie pour empêcher le Négus d'Abyssinie de s'avancer vers le Haut-Nil. Mais les Abyssins venaient d'infliger à l'Italie la défaite d'Adaoua ; la garnison italienne était menacée dans Kassalah ; l'influence française grandissait en Abyssinie. Ici encore, on résolut de revenir sur la politique de Gladstone et de reconquérir le Soudan Égyptien.

Il fut difficile de trouver les fonds nécessaires. Un détachement indien fut envoyé à Souakim, aux frais du budget indien. On voulut emprunter cinq cent mille livres au fonds général de réserve de la Caisse de la Dette. Mais, le commissaire russe et le commissaire français ayant protesté, on recourut à un autre procédé : le Khédive ouvrit un emprunt qui, placé tout entier en Angleterre, fortifia la mainmise anglaise en Égypte.

L'expédition militaire elle-même fut pénible : des officiers, trente pour cent périrent en route.

Mais elle fut victorieuse. Parti vers la fin d'avril de Ouady-Halfa, sir Herbert Kitchener était vainqueur le 7 juin à Ferkeh, le 19 septembre à Hafir. Le 23 septembre, Dongola fut occupée. On avait parcouru la première étape sur la route de Khartoum.

Après ce mélange de revers et de succès, l'année 1897 fut une année de recueillement et de liquidation.

Au mois de juillet, le soixantième anniversaire de l'avènement de la reine fut célébré par un somptueux jubilé. De nouveau, comme en 1887, les premiers ministres des colonies autonomes se réunirent, à Londres, en conférence : ils examinèrent. non sans timidité, les mesures à prendre pour l'organisation fédérale de l'empire.

Dans le même mois, la commission qui avait été nommée pour faire une enquête sur les affaires de l'Afrique Australe déposa son rapport. Tous les membres de la commission, à l'exception de deux dissidents, l'un radical, l'autre irlandais, s'étaient mis d'accord. On condamnait le rôle joué par Cecil Rhodes et quelques complices : mais on ne requérait contre eux aucune peine, on ne demandait même pas que Cecil Rhodes fût rayé du conseil privé. On déclarait que le ministre des colonies n'avait pas connu le complot : mais on n'avait rien fait pour se procurer les pièces qui seules pouvaient prouver d'une manière décisive si, oui ou non, cette complicité était réelle. Les radicaux hostiles à l'impérialisme obtinrent difficilement une séance de la Chambre des Communes pour discuter les conclusions du rapport. Quand on en vint aux voix, leur motion ne recueillit, le 26 juillet, que soixante-dix-sept voix irlandaises et radicales contre trois cent quatre voix ministérielles. La séance s'acheva par un discours de Chamberlain, qui fut moins une apologie de sa propre conduite qu'un éloge de Cecil Rhodes, révolutionnaire et patriote.

La politique africaine du ministère prit de nouveau en 1898 un caractère agressif : les évènements d'Amérique et de France y contribuèrent.

La guerre hispano-américaine

Trois ans plus tôt, l'impérialisme américain avait failli se heurter à l'impérialisme anglais. Il y avait contestation, sur une question de frontières, entre la Guyane britannique et la république de Venezuela : le président Cleveland évoqua l'affaire. Il se fonda sur la doctrine, promulguée en 1823 par le président Monroe, en vertu de laquelle les Américains refusent aux puissances étrangères le droit d'intervention dans les affaires du Nouveau-Monde ; et, le 17 décembre 1895, il invita le Congrès à nommer une commission qui serait chargée de faire une enquête sur le conflit anglo-venezuelien. Quand le rapport de la commission aurait été déposé et approuvé, les États-Unis, déclara-t-il, auraient pour devoir de résister, « par tous les moyens dont ils disposent, comme à une attaque préméditée de leurs droits et de leurs intérêts », à l'appropriation par la Grande-Bretagne du territoire qu'ils auraient décidé, après enquête, appartenir au Venezuela. La commission fut nommée, mais l'affaire n'alla pas loin.

Les détenteurs anglais de valeurs américaines vendirent leurs fonds, il y eut une panique a la Bourse de New-York, et les États-Unis comprirent quelle étroite solidarité d'intérêts reliait les deux nations. De part et d'autre des protestations s'élevèrent contre l'hypothèse d'une guerre que l'on déclara fratricide. Sans attendre que la commission eût déposé son rapport, le cabinet de Washington négocia un arbitrage entre le Venezuela et l'Angleterre, dans des conditions satisfaisantes pour l'amour-propre anglais, et que lord Salisbury avait, par avance, déclarées acceptables. Les impérialistes américains cessèrent de s'occuper de la Guyane britannique, et portèrent leur attention sur Cuba.

Depuis longtemps l'île était en révolte contre l'Espagne : un prétexte permit au président Mac-Kinley d'intervenir. En avril 1898, les États-Unis déclarèrent la guerre à l'Espagne. En décembre, la paix fut signée : six mois de guerre avaient anéanti les derniers débris de l'empire espagnol.

L'opinion anglaise se prononça avec enthousiasme en faveur des États-Unis. Les impérialistes anglais posèrent en principe qu'ils étaient non pas les rivaux, mais bien les collaborateurs de ceux qui travaillaient, comme eux-mêmes, à propager les bienfaits de la civilisation anglo-saxonne : depuis ce moment, dans l'isthme de Panama, dans l'Alaska, l'Angleterre a pratiqué vis-à-vis des États-Unis une politique de concessions systématiques. Chamberlain préconisa tantôt l'alliance anglo-saxonne de l'Angleterre et des États-Unis, tantôt même l'alliance teutonique de l'Angleterre, des États-Unis et de l'Allemagne. Lord Salisbury, dans un discours qui provoqua une vive émotion, divisa les nations en deux classes : celles qui vivent et celles qui meurent. Les nations qui vivent devaient nécessairement s'agrandir aux dépens des nations mourantes; et, si les nations mourantes en général n'étaient pas chrétiennes, tel n'était pas toujours le cas. La Russie s'agrandissait aux dépens de la Chine. Les États-Unis s'appropriaient les colonies de l'Espagne. Aux dépens de quelle nation mourante s'agrandirait l'Angleterre ?

Fachoda

En France, l'affaire Dreyfus avait éclaté. Absorbé par de graves problèmes de politique intérieure, le pays aurait-il la force et la volonté de défendre par les armes, en cas d'attaque, le domaine colonial dont il avait depuis quinze ans fait la conquête ? Chamberlain, en présence des événements de France, donna une nouvelle direction à la politique extérieure de l'Angleterre : son impérialisme devint délibérément antifrançais.

Telle n'avait pas été jusqu'alors la politique de lord Salisbury, son collègue. Lord Salisbury avait continué de régler par des transactions amicales les questions sur lesquelles il y avait désaccord entre les deux pays. L'accord du 15 janvier 1896, relatif au Siam, avait substitué dans cette région le système des « sphères d'influence » au système des « états-tampons » : le bassin du Ménam sépara la sphère d'influence française et la sphère d'influence anglaise. L'accord du 18 septembre 1897, relatif à la Tunisie, avait permis à la France, moyennant certaines concessions, d'abroger le traité de commerce conclu par l'Angleterre avec le bey de Tunis avant l'occupation française.

Lord Salisbury hésita d'abord. Puis il céda. Un concert s'établit entre le ministère et la presse de Londres. L'opinion suivit. Les ministres décidèrent d'employer la menace pour obtenir la solution immédiate de toutes les questions coloniales qui se trouvaient pendantes entre la France et l'Angleterre. Lord Salisbury et Chamberlain firent prévoir la possibilité d'une guerre.

La question du Niger fut soulevée la première.

Des officiers français avaient pénétré dans l'hinterland de la colonie anglaise de Lagos, et occupé la rive droite du Niger, depuis Say jusqu'à Boussa. L'Angleterre ne reconnaissait pas les droits de la

France sur cette région, et somma le gouvernement français de renoncer à ses prétentions. Des bruits de guerre coururent à Londres. Hanotaux dut céder. Le traité du 13 juin 1898 laissa à la France Nikki dans le Borgou. Mais Boussa et le cours navigable du Niger restèrent aux Anglais.

La question du Haut-Nil fut ensuite abordée.

La France cherchait à s'établir dans ces régions. En Abyssinie, les Français construisaient le chemin de fer de Djibouti au Harrar. Des missions françaises, parties de l'Ouest ou de l'Est, se dirigeaient vers le Haut-Nil; et l'on prévoyait que la mission Marchand, venant du Congo, parviendrait à son but dans l'été de 1898. L'Angleterre avait averti la France que l'occupation d'un poste sur le Haut-Nil serait considérée par elle comme constituant une violation du territoire égyptien, et en conséquence tenue pour non avenue. Les ministres français répondaient que l'Angleterre, lors de l'accord anglo-congolais de 1894, avait elle-même autorisé la première un état indépendant à s'établir dans les anciennes provinces égyptiennes.

L'Angleterre prit ses mesures en conséquence : elle signa avec l'Abyssinie, en mai 1897, un traité qui fut rendu public en février 1898 : le Négus s'engageait à ne pas fournir au Mahdi d'armes ni de munitions. Puis le général Kitchener reprit sa marche vers le Sud, suspendue depuis 1896, et occupa Khartoum le 2 septembre, après la victoire d'Omdurman. Le 19 septembre, il rencontrait à Fachoda le capitaine Marchand, arrivé depuis un mois.

L'Angleterre réclama le rappel immédiat de la mission Marchand. Delcassé, devenu depuis quatre mois ministre des affaires étrangères à Paris, demanda que Marchand fût d'abord autorisé à envoyer un officier jusqu'au Caire, porteur de son rapport. Lord Salisbury y consentit, mais sans cesser de réclamer le rappel de la mission. Delcassé proposa que le rappel de la mission fût subordonné à l'ouverture de négociations sur la délimitation des territoires des deux pays, entre l'Oubanghi et le Haut-Nil. Lord Salisbury persista à demander le rappel de la mission sans condition.

La situation devint menaçante. Après le conseil de cabinet qui se tint à Londres le 27 octobre, on admit, dans les deux pays, la possibilité d'un ultimatum anglais. Le 3 novembre, la France céda et, le 21 mars 1899, un accord diplomatique laissait à l'Angleterre le bassin du Nil et tout le Darfour : la France gardait l'Ouadaï.

Le ministère anglais passa à la question de Madagascar. Il avait été convenu, en 1890, que la France établirait à Madagascar un protectorat : postérieurement, c'est l'annexion pure et simple de l'île qui fut proclamée. Il avait été convenu que les droits acquis de l'Angleterre seraient respectés. Mais le tarif du 2 juin 1898 violait le traité de commerce signé par l'Angleterre en 1865 avec la reine des Malgaches; un décret accordait aux Français certains privilèges pour l'achat de terres; un autre décret, qui fut d'ailleurs abrogé, leur donnait le monopole du cabotage. Lord Salisbury fit paraître en janvier un *Blue Book,* où furent publiées les réclamations du cabinet de Londres.

Au même moment, le gouvernement anglais apprit que la France avait obtenu du Sultan d'Oman, en mars 1898, le droit d'établir et de fortifier un dépôt de charbon près de Mascate. L'agent britannique établi à Mascate reçut l'ordre de sommer le Sultan, sous la menace d'un bombardement, de retirer cette concession, que l'Angleterre tenait pour contraire à des traités antérieurs. Le Sultan obéit. La France céda, et se contenta d'un dépôt de charbon non fortifié, à côté du dépôt anglais de Mascate.

Bien des questions pouvaient encore donner lieu à des conflits, non seulement en Afrique, mais à Terre-Neuve, au Siam, à Changhaï, aux Nouvelles-Hébrides. Les hostilités étaient ouvertes entre les journalistes des deux pays. Le langage des ministres anglais restait menaçant. Mais la politique de Chamberlain entraîna d'autres difficultés avec une autre nation. C'est au Transvaal que la guerre éclata.

La guerre du Transvaal

Les Uitlanders de Johannesburg continuaient de se plaindre. Ils réclamaient des droits politiques.

Ils protestaient contre la politique fiscale de Krüger, et contre certains monopoles d'État qui gênaient l'industrie minière. Ils sentaient les Boers plus hostiles et plus défiants depuis l'aventure Jameson : en 1897, le Transvaal conclut un traité d'alliance avec l'État libre d'Orange, un traité d'amitié et de commerce avec l'Allemagne.

Chamberlain reprit l'offensive. Il négocia avec l'Allemagne, soupçonnée de favoriser le Transvaal : les négociations aboutirent à la convention de 1898, relative à l'Afrique Australe, qui est restée secrète, et à la convention de décembre 1899, qui a réglé par une transaction les affaires pendantes au Pacifique entre l'Angleterre, l'Allemagne et les États-Unis d'Amérique. Dans l'Afrique du Sud, il revisa la constitution de la « compagnie à charte », qui fut soumise au contrôle direct du gouvernement impérial ; et sir Alfred Milner fut nommé gouverneur du Cap et haut commissaire pour l'Afrique Australe, avec mission de régler la question du Transvaal.

Dans les derniers jours de 1898, le meurtre d'un sujet anglais par un agent de police transvaalien précipita la crise. Vingt mille sujets anglais, résidant à Johannesburg, signèrent une pétition par laquelle ils demandaient au gouvernement britannique d'appuyer leurs réclamations. Chamberlain suggéra une conférence entre le président Krüger et sir Alfred Milner, et la conférence eut lieu, en juin 1899, à Bloemfontein, dans l'État d'Orange.

Mais les deux négociateurs ne se mirent pas d'accord. Sir Alfred Milner demandait que la loi accordât des droits politiques aux résidents après cinq ans de séjour, et que la loi eût un effet rétroactif. Krüger offrait sept ans au lieu de cinq ans, n'admettait pas la rétroactivité, et demandait l'établissement d'un tribunal arbitral pour régler pacifiquement les conflits entre les gouvernements de Londres et de Pretoria.

Les négociations furent rompues, et la situation resta critique. En juillet, Krüger fit voter au Transvaal une loi qui donnait la franchise électorale après sept ans de séjour. Chamberlain répliqua en demandant que Krüger acceptât la nomination d'une commission anglo-boer, chargée de faire une enquête sur la situation du Transvaal. Désireux d'éviter cette intervention anglaise dans les affaires intérieures de la république, Krüger fit des concessions, admit la franchise de cinq années, mais persista à réclamer la constitution d'un tribunal permanent d'arbitrage. Chamberlain, de son côté, continua à réclamer la commission mixte d'enquête, et prononça, le 26 août, un discours menaçant. Des renforts furent envoyés dans l'Afrique du Sud. Des troupes furent massées sur les frontières des deux républiques. Le 9 octobre un ultimatum du président Krüger brusqua les choses. Le 11 octobre, la guerre se trouva déclarée : l'État d'Orange fit cause commune avec la république Sud-Africaine.

Le ministère comptait sur une campagne de deux mois. Mais l'armée anglaise avait, depuis de longues années, pris l'habitude de combattre des populations barbares, à peine armées, indisciplinées, et promptes à la panique. Elle se trouva mal préparée lorsqu'elle eut affaire, contre son attente, à des adversaires sérieux, bien équipés, excellents soldats; et l'expédition commença par une série de désastres.

Au bout de quinze jours, les Anglais étaient bloqués à l'est dans Ladysmith, à l'ouest dans Mafeking et Kimberley. Le 10 décembre, le général Gatacre subit un échec à Stormberg, au sud de la rivière Orange. Le 12 décembre, lord Methuen subit un échec plus sérieux, sur la rivière Modder, près de Kimberley. Le 15 décembre, sir Redvers Buller qui marchait par le Natal à la tête du corps principal, pour délivrer Ladysmith et envahir le Transvaal, fut repoussé avec pertes à Colenso. Ce fut la « semaine noire ». Le 21 janvier, le 5 février, sir Redvers Buller subit de nouveaux échecs.

Cependant le ministère anglais organisait une expédition beaucoup plus forte. Lord Roberts, le vainqueur de Candahar, fut commandant en chef; lord Kitchener, le vainqueur de Khartoum, fut chef d'état-major; deux cent mille hommes furent mis sous leurs ordres. Le 15 février, Kimberley fut débloqué; et, le 27 février, le général transvaalien Cronje capitula avec toute l'armée qui cernait Kimberley. Le 13 mars, lord Roberts entra à Bloemfontein; et le 28 mai, l'État libre, annexé, devint la « Colonie de la rivière Orange ». Le 31 mai, les Anglais entrèrent à Johannesburg. Le 27 juillet, le général orangiste Prinsloo, avec son armée, capitula dans l'est de l'Orange. Le 1er septembre, l'annexion du Transvaal fut proclamée; et lord Roberts quitta l'Afrique du Sud, laissant à lord Kitchener le soin d'achever la conquête.

En Angleterre, l'opinion, depuis le début des hostilités, avait réclamé la guerre à outrance. Des manifestations enthousiastes saluaient la nouvelle des victoires et le retour des généraux. Seuls, quelques radicaux, entourés de l'hostilité publique, menaient une campagne violente contre Chamberlain, accusé d'être intéressé dans plusieurs maisons de fournitures militaires. Des élections générales, qui eurent lieu en septembre 1900, donnèrent au gouvernement une majorité parlementaire de près de cent quarante voix.

On croyait la guerre terminée, ou peu s'en fallait : elle dura près de deux ans encore. Elle consista dans une série de petits combats où les « commandos » boers, sous De Wet, Delarey, Botha, remportèrent, jusqu'à la fin, de fréquents avantages. Lord Kitchener adopta pour tactique de détruire toutes les maisons d'habitation, de recueillir dans de vastes « camps de concentration » tous les non-combattants, d'affamer et de capturer peu à peu tous les combattants. Au commencement de

1902, le général orangiste De Wet fit une dernière tentative pour envahir et soulever la colonie du Cap. La tentative échoua, et le 17 mai 1902, la paix fut signée entre lord Kitchener et les chefs boers. Les deux républiques renoncèrent à l'indépendance. Elles conservèrent le droit à l'enseignement de la langue hollandaise dans les écoles et à l'usage de la langue hollandaise dans les tribunaux. Elles obtinrent de fortes sommes d'argent, soit à titre d'indemnités, soit à titre d'avances, pour la remise en état de leurs exploitations agricoles. On leur promit, dans le plus bref délai possible, l'établissement d'un gouvernement civil, et, dès que les circonstances le permettraient, d'institutions représentatives. Ce fut sir Alfred Milner, devenu lord Milner, qui prit au mois de juin le gouvernement des nouvelles colonies, lord Kitchener ayant jugé inutile la prolongation du régime militaire.

Au mois d'août, le couronnement d'Édouard VII, qui avait succédé l'année précédente à la reine Victoria, fut l'occasion d'une série de solennités impériales, semblables aux solennités de 1887 et de 1897.

CONCLUSION

CONCLUSION

La politique impérialiste triomphait, mais ce n'était ni sans peines ni sans frais. Dans l'Afrique du Sud, plus de trente mille Anglais avaient péri; il avait fallu entretenir là-bas plus de trois cent mille hommes; le budget de 1902 s'éleva à cent quatre-vingt millions de livres, quatre milliards et demi.

En Asie, la Russie profita de ce que l'Angleterre était occupée au Transvaal pour obtenir des avantages en Perse et au Tibet; elle négocia avec la Chine, après la répression du soulèvement chinois de 1900 par une armée internationale, un traité spécial pour la Mandchourie. L'Angleterre eut beau se couvrir, le 16 octobre 1900, par un accord avec l'Allemagne, où fut proclamé le principe de la « porte ouverte », et, le 12 février 1902, par un traité d'alliance défensive avec le Japon : la convention russo-chinoise du 8 avril 1902 parut installer en Mandchourie, malgré la clause qui rendait obligatoire une évacuation prochaine, un condominium de la Russie et de la Chine.

Dans l'Afrique elle-même, la France étendit son influence sur le Sud Marocain, et l'Angleterre se trouva obligée de défendre, plusieurs fois, par les armes, son propre domaine. Elle avait dû organiser une campagne au Bénin en 1897 ; elle dut en organiser une autre, en 1900, au pays des Achantis, et une troisième en 1902, qui a été longue, coûteuse, peu décisive, au pays des Somalis.

Le gouvernement et le pays ont ressenti, en conséquence, le besoin urgent de relâcher les ressorts du système de politique extérieure qui avait été adopté depuis quelques années. Faut-il aller jusqu'à parler d'une réaction contre l'impérialisme? Faut-il dire que les pertes de la politique impérialiste risquent de l'emporter sur les profits, et que, pour avoir voulu grandir le prestige et étendre le territoire de leur patrie, les impérialistes ont accéléré tout à la fois la ruine de l'empire britannique et la ruine de l'Angleterre? On l'a affirmé : mais il n'existe pas, à notre sens, d'affirmation plus hasardée.

Nous admettons que la politique extérieure a subi, depuis trois ans, d'importantes modifications.

Les circonstances y ont aidé. La retraite de lord Salisbury, remplacé au ministère des affaires étrangères par lord Lansdowne, n'a pas eu de répercussion sur la politique du pays. Mais Édouard VII a paru vouloir pratiquer une politique pacifique, peut-être francophile ; et Chamberlain a compris qu'il ne pouvait continuer sa politique agressive de 1899. Il a donné une forme nouvelle à son impérialisme : il a préconisé, pour l'empire, non plus une extension du territoire, mais une réorganisation du régime économique. Il veut que l'empire se constitue en fédération douanière, que, dans les limites de l'empire, tous les produits circulent librement et soient protégés solidairement par un tarif unique contre l'importation des produits des autres nations et des autres empires; et, pour pouvoir plaider sa cause sans compromettre ses collègues, il s'est volontairement retiré du ministère.

En France, le parti radical, appuyé par les socialistes, est parvenu au pouvoir, et a manifesté, en matière de politique extérieure, des intentions délibérément conciliantes. En Italie, un nouveau souverain s'est montré disposé à entretenir de meilleures relations avec la France. Ni la « Triple-Alliance » ni la « Double-Alliance » n'ont été dénoncées ; mais le roi d'Angleterre a pris l'initiative d'un « rapprochement » entre l'Angleterre, la France et l'Italie. Les chefs des trois états se sont rendu des visites. Des traités d'arbitrage ont été conclus. Enfin une convention générale vient d'être signée, par laquelle l'Angleterre et la France ont essayé d'aboutir au règlement de tous les litiges pendants entre les deux pays. La France renonce en Égypte à ses privilèges financiers; en retour et moyennant certaines conditions, l'Angleterre abandonne le Maroc à l'influence française. La France sacrifie quelques avantages aux pêcheries de Terre-Neuve et obtient quelques compensations territoriales sur la côte occidentale d'Afrique. Entre le Niger et le Tchad les deux pays s'entendent définitivement pour la délimitation des sphères d'influence respectives. A Madagascar, l'Angleterre accepte les faits acquis. Aux Nouvelles-Hébrides, les droits de la France sont reconnus. C'est l'abandon des procédés comminatoires de 1899, et le retour aux transactions diplomatiques de 1890.

Est-ce l'abandon de la politique d'expansion coloniale? Faut-il conclure de cette attitude nouvelle qui a été prise par le ministère anglais et que l'opinion semble approuver, que l'impérialisme, dans l'histoire du peuple anglais, est une phase définitivement franchie et dépassée? Nous ne le pensons pas.

Sans doute, on a reconnu l'impossibilité financière de reprendre, avant plusieurs années, une politique de conquête : pendant cet intervalle, il peut être habile d'inquiéter, par des démonstrations amicales à l'égard de la France, l'Allemagne, dont la concurrence économique préoccupe le peuple anglais. Puis la guerre russo-japonaise a éclaté ; et l'entente des Japonais et des Chinois contre les Russes a servi, en Asie, les desseins de la politique anglaise : au nord de la Grande Muraille, au nord de l'Himalaya, la pression slave a diminué. Une expédition anglaise est entrée au Tibet, où un traité a été signé dans la capitale même du pays. L'impérialisme anglais est devenu, pour un temps, moins africain et plus asiatique, moins antifrançais et plus antirusse. Il a changé de direction, mais il est toujours présent et agissant.

Sans doute encore Chamberlain a effrayé l'opinion par la brutalité avec laquelle il l'a contrainte de poser les problèmes les plus difficiles, les plus insolubles peut-être, de la politique impérialiste. Cette fédération économique de tout l'empire est-elle réalisable ? Persuadera-t-on aux Canadiens ou aux Australiens qu'ils doivent, dans l'intérêt de l'empire, supprimer ces droits de douane dont ils se sont servis pour protéger leurs industries naissantes contre la concurrence de la métropole elle-même ? Persuadera-t-on aux ouvriers de Londres et de Manchester qu'ils doivent, dans l'intérêt de l'empire, frapper de droits nouveaux le blé et la viande que jusqu'à présent ils reçoivent en franchise ? qu'ils doivent subir un renchérissement immédiat et certain des matières nécessaires à la vie, dans l'espoir, peut-être chimérique, d'un relèvement futur des salaires ? Sur cette question, les deux partis se divisent ; et le parti libéral redevient, comme aux environs de 1850, le parti du libre-échange, dans la mesure où le parti unioniste tend à devenir protectionniste.

Mais le parti libéral, précisément parce qu'il se

réduit à n'être que le parti du libre-échange, triomphera, aux prochaines élections générales, sur un programme purement conservateur. Il essaiera d'empêcher, ou tout au moins de retarder, le bouleversement révolutionnaire que Chamberlain et ses partisans veulent introduire dans le régime économique de la nation et de l'empire. Mais il s'abstiendra lui-même de provoquer une révolution soit dans la politique intérieure soit dans la politique extérieure de la nation. Les deux partis diffèrent d'avis sur la meilleure manière de travailler à la prospérité de l'empire ; sur la question même de l'impérialisme, le parti unioniste et le parti libéral sont, à l'heure actuelle, en grande majorité, d'accord.

On insiste. On reconnaît que le sentiment impérialiste n'a rien perdu, en Angleterre, de son intensité première. On demande seulement si l'enthousiasme manifesté par les Anglais pour une politique de conquêtes n'est pas un enthousiasme aveugle, et si des causes internes, dont on peut déjà commencer à constater l'action, ne peuvent pas, ne doivent pas ruiner l'empire britannique, comme elles ont, dans le passé, ruiné d'autres empires?

D'une part, en effet, la politique impérialiste coûte cher. Déjà la Grande-Bretagne doit payer, pour défendre son empire, deux fois ce que paient, pour se protéger, les nations les plus lourdement chargées du continent européen. Or ces dépenses semblent devoir croître toujours, en raison de l'enrichissement et des progrès des empires rivaux : pourront-elles croître longtemps sans écraser le contribuable ? En ce sens, les partisans de Chamberlain ont raison peut-être de croire que la politique impérialiste est incompatible avec un système économique qui date du milieu du dix-neuvième siècle, et auquel le pays voudrait rester fidèle. Car la politique libre-échangiste est une politique de petits budgets : la fortune de l'Angleterre au dix-neuvième siècle, ce fut de pouvoir, grâce à un concours de circonstances singulières, être la plus forte et la plus économe à la fois des grandes nations.

D'autre part, les libéraux impérialistes ont beau nous faire voir dans l'empire une sorte de fédération de sociétés libres, à certains égards les plus républicaines et les plus démocratiques du monde entier, il n'en est pas moins vrai que l'empire britannique contient, pour un homme de race blanche et de condition libre, sept hommes de race et de condition inférieures, considérés par les Anglais comme nés non pour coopérer au gouvernement de l'empire, mais pour servir. Ce ne sont pas des citoyens, ce sont des sujets qui doivent, pour que l'empire prospère, travailler sous les ordres et pour le bénéfice de leurs maîtres anglo-saxons. Les Anglais tendent donc, avec la croissance de leur empire et par le fait même de leur impérialisme, à devenir une nation composée non plus d'industriels, de commerçants et d'ouvriers, mais de capitalistes et d'administrateurs, non plus d'hommes qui travaillent, mais d'hommes qui prélèvent, pour vivre, une part du travail d'autrui. Or n'est-ce point par cette oisiveté, à laquelle l'exercice même des fonctions de commandement les condamne, que les races supérieures dégénèrent, et finissent par permettre un jour aux races inférieures de secouer une sujétion prolongée?

Mais, si exactes que puissent être ces observations, si fondés que puissent être ces pronostics, si réelles que puissent être les causes dont l'action menace les fondements de l'empire britannique, toute la question est de savoir si cette crise financière, si cette dégénérescence ethnique doivent se produire à brève ou à longue échéance. Est-ce à brève échéance? Et veut-on dire que la politique impérialiste est sous le coup d'une faillite imminente? Pour notre part, nous ne le pensons pas.

Il est possible qu'un jour vienne où les frais de l'empire dépasseront les ressources de la nation. Mais, en attendant, la Grande-Bretagne peut trouver, dans une nouvelle organisation de l'empire, des moyens pour reporter une partie de ces dépenses sur les colonies autonomes ou non autonomes. Il est possible que l'habitude de la domination et de la conquête finisse par diminuer les qualités laborieuses du peuple anglais. Mais, en attendant, l'Angleterre est toujours la première nation industrielle et commerçante du monde entier; et le peuple anglais demeure, dans ses relations avec les races sujettes, le moins pédantesque et le moins tyrannique des peuples colonisateurs. Il est certain que dans longtemps, dans très longtemps peut-être, l'empire britannique déclinera : il est loisible, dès aujourd'hui, de deviner les causes de cette décadence. Mais, en attendant, l'empire existe. Pourquoi serait-il incapable de subsister et de grandir encore? Pourquoi l'impérialisme présenterait-il plus de difficultés et de dangers pour les Anglais qu'il n'en présente pour les Américains du Nord, pour les Russes, ou même pour les Japonais, si les Japonais doivent réussir à fonder un empire? Les mêmes causes, d'ordre scientifique et technique, qui favorisent la concentration industrielle et commerciale favorisent la concentration militaire et politique : le vingtième siècle sera le siècle des empires.

BIBLIOGRAPHIE

Cette bibliographie ne vise pas à être complète : elle contient la liste d'un petit nombre d'ouvrages, les uns essentiels à la connaissance du sujet, les autres faciles à lire et à consulter.

SIR HENRY BULWER LYTTON (lord Dalling). — *The life of lord Palmerston,* continuée par Evelyn Ashley, édition complète, 1876.

LORD GREY. — *The colonial policy of lord J. Russell,* 1re éd., 1853.

H. EGERTON. — *A short history of british colonial policy,* 1897.

A. SOREL. — *Histoire diplomatique de la guerre franco-allemande,* 2 vol., 1874.

DISRAELI (lord Beaconsfield). — *Selected speeches,* éd. Kebbel, 2 vol., 1882 (en particulier le vol. II.)

JOHN MORLEY. — *Life of Gladstone,* 3 vol., 1903.

A. MILNER (lord Milner). — *England in Egypt,* 1re éd., 1892 (trad. fr. : l'Angleterre en Egypte, 1898).

J. SCOTT KELTIE. — *The partition of South Africa,* 1893.

E. Carton de Wiart. — *Les grandes compagnies coloniales anglaises du dix-neuvième siècle*, 1898.

Mermeix. — *Le Transvaal et la Chartered*, 1897.

René Pinon et J. de Marcillac. — *La Chine qui s'ouvre*, 1900.

G. N. Curzon (lord Curzon). — *Problems of the Far East*, 1894.

Lord Ch. Beresford. — *The break-up of China*, 1898.

Sir Charles Dilke. — *Problems of Greater Britain*, 1re éd., 1890.

Victor Bérard. — *L'Angleterre et l'impérialisme*, 1900.

TABLE DES MATIÈRES

SURESNES — IMPRIMERIE E. PAYEN, 13, RUE PIERRE-DUPONT — I

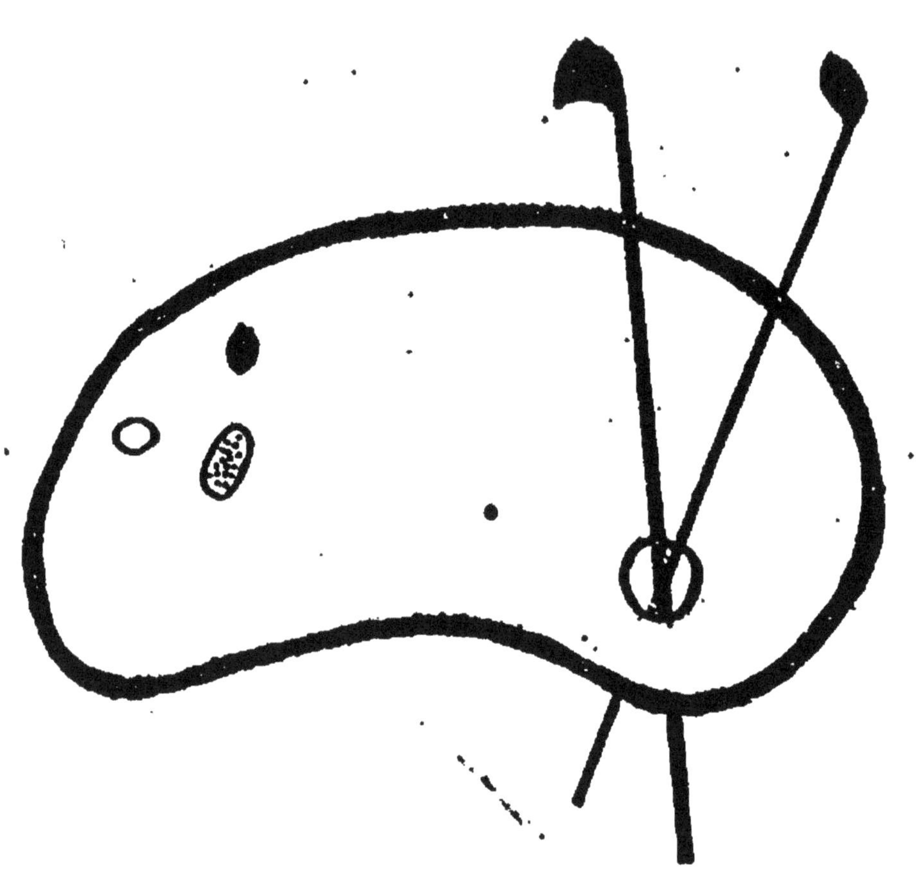

www.ingramcontent.com/pod-product-compliance
Ingram Content Group UK Ltd.
Pitfield, Milton Keynes, MK11 3LW, UK
UKHW020153200726
13856UKWH00003B/974

9 782013 346993